Themenheft 2

Schriftliche Addition

Zeit Flächen

Erarbeitet von Roland Bauer und Jutta Maurach

In Zusammenarbeit mit der Redaktion Mathematik Grundschule

Cornelsen

Inhaltsverzeichnis

Lernportion 1 Schriftliche Addition

Lernportion 2 Zeit

Lernportion 3 Übungen zur schriftlichen Addition

Lernportion 4 Flächenformen und Zeichnen

Geldbeträge legen und sortieren

1 Bestimme, wie viel die Kinder eingenommen haben.

a) 

234 €

b) 

c) Einnahmen vom Getränkeverkauf und Flohmarkt

2 Lege die Geldbeträge in geordneter Form untereinander. Ermittle die Einnahmen.

a) 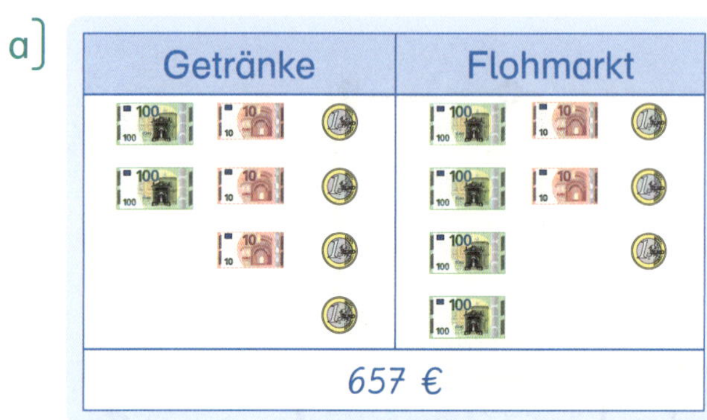

Ich sortiere geschickt in Hunderter, Zehner und Einer. Es sind 657 Euro.

b) 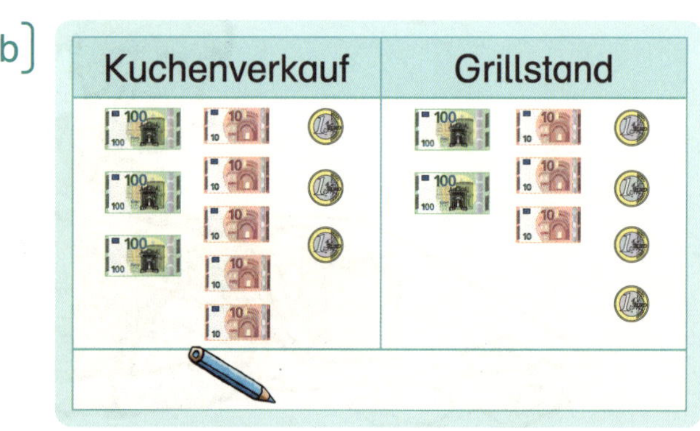

* Gesamtbeträge ermitteln
* Geldbeträge geordnet untereinanderlegen

Geldbeträge in die Stellentafel übertragen und addieren

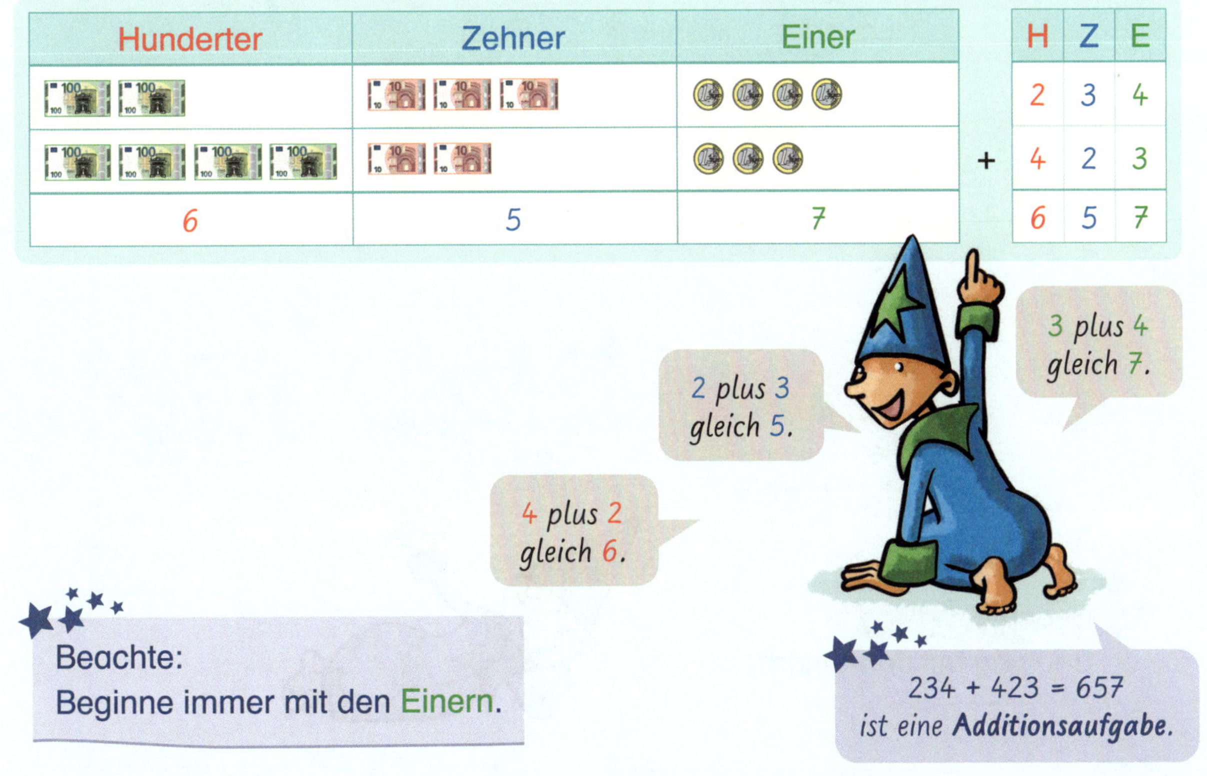

Hunderter	Zehner	Einer
6	5	7

	H	Z	E
	2	3	4
+	4	2	3
	6	5	7

Beachte:
Beginne immer mit den Einern.

234 + 423 = 657
ist eine **Additionsaufgabe.**

1 Addiere die Geldbeträge. Übertrage sie dazu in die Stellentafel.
Addiere die Zahlen von unten nach oben. Beginne mit den Einern.
Sprich dazu wie Einstern.

a)

Hunderter	Zehner	Einer

5	6	6

	H	Z	E
	3	3	2
+	2	3	4
	5	6	6

b)

Hunderter	Zehner	Einer

	H	Z	E
+			

c)

Hunderter	Zehner	Einer

	H	Z	E
+			

★ in einer Stellentafel dargestellte Geldbeträge als Zahlen notieren
★ in der Stellentafel stellengerecht addieren ★ **SF:** Vorgehens- und Sprechweise bei der schriftlichen Addition kennenlernen und anwenden

Additionsaufgaben in der Stellentafel darstellen

Hunderter	Zehner	Einer
□□□	IIII	..
□□	IIIII	....
5	9	6

	H	Z	E
	3	4	2
+	2	5	4
	5	9	6

2 Hunderter plus 3 Hunderter gleich 5 Hunderter.

5 Zehner plus 4 Zehner gleich 9 Zehner.

4 Einer plus 2 Einer gleich 6 Einer.

Beachte:
Beginne mit den Einern.

1 Übertrage die beiden dargestellten Zahlen in die Stellentafel.
Addiere dann die Zahlen von unten nach oben. Beginne mit den Einern.
Sprich dazu wie Einstern.

a)

Hunderter	Zehner	Einer
□□□□	II	...
□□□	IIIII	......

	H	Z	E
+			

b)

Hunderter	Zehner	Einer
□□□□□	IIII	....
□□□	IIIII	...

	H	Z	E
+			

c)

Hunderter	Zehner	Einer
□□□	II	.....
□□	IIII	.

	H	Z	E
+			

★ Rechenbilder in die Stellentafel übertragen ★ in der Stellentafel stellengerecht addieren
★ **SF:** Vorgehens- und Sprechweise bei der schriftlichen Addition kennenlernen und anwenden

345 + 231 = ▢

	H	Z	E
	3	4	5
+	2	3	1
			6

Beachte:
Beginne mit den Einern.
Rechne von unten nach oben.

1 Löse die Aufgaben und sprich dazu wie Einstern.
Bitte ein anderes Kind, deine Sprechweise zu überprüfen.

a)

	H	Z	E
	4	5	6
+	1	3	2
	5	8	8

b)

	H	Z	E
	1	2	3
+	4	1	2

c)

	H	Z	E
		5	6
+	3	2	1

d)

	H	Z	E
	2	3	0
+	5	0	6

2 Löse die Aufgaben. Kontrolliere die Ergebnisse.
Die Lösungszahlen findest du in den Sternen.

a)

	H	Z	E
	4	2	3
+	2	6	5
	6	8	8

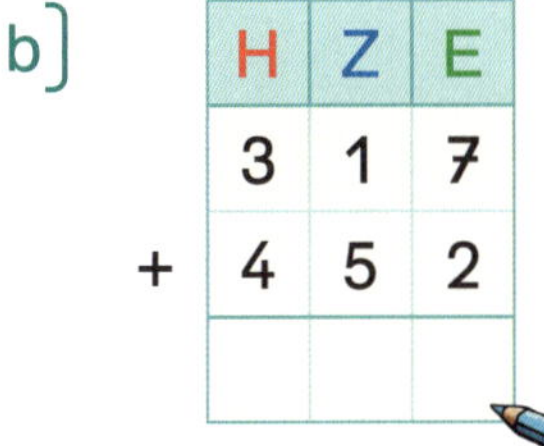

b)

	H	Z	E
	3	1	7
+	4	5	2

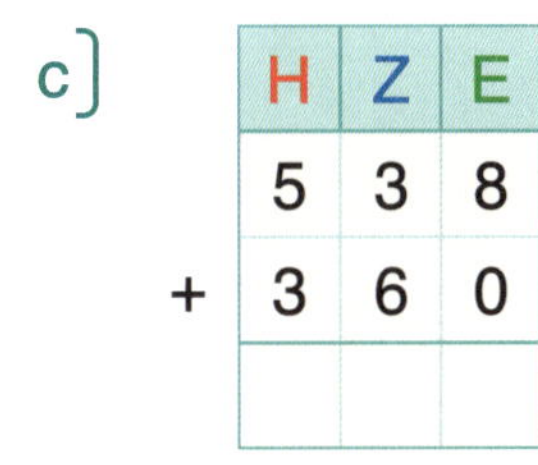

c)

	H	Z	E
	5	3	8
+	3	6	0

d)

	H	Z	E
	7	2	5
+	1	6	4

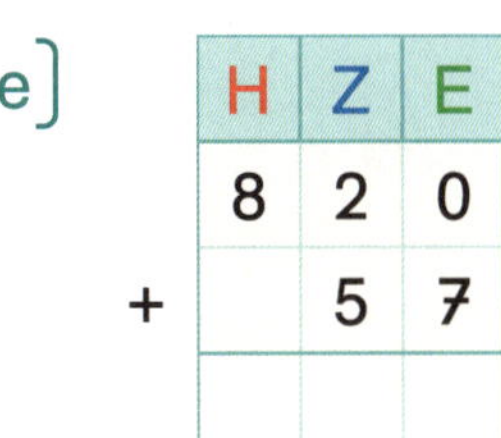

e)

	H	Z	E
	8	2	0
+		5	7

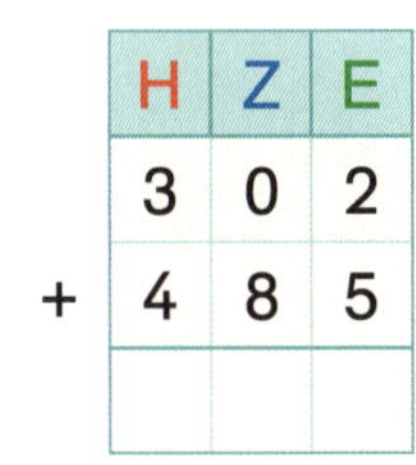

f)

	H	Z	E
	3	0	2
+	4	8	5

★ SF: stellengerecht addieren, richtige Sprechweise anwenden
★ Additionsaufgaben in der Stellentafel lösen und kontrollieren

Beachte:
Einer unter Einer
Zehner unter Zehner
Hunderter unter Hunderter

265 + 634

	2	6	5
+	6	3	4

1 Schreibe die Zahlen richtig untereinander.
Berechne das Ergebnis.

a) 521 + 146

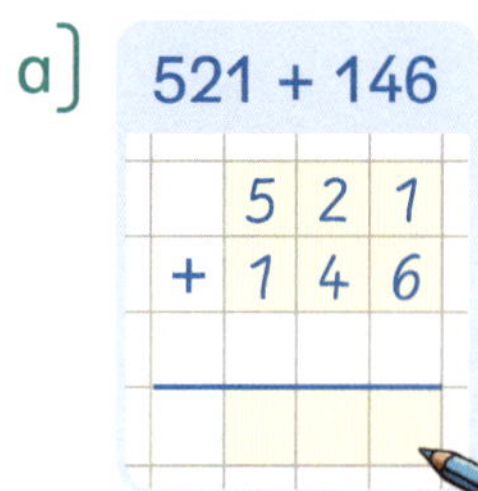

b) 752 + 213

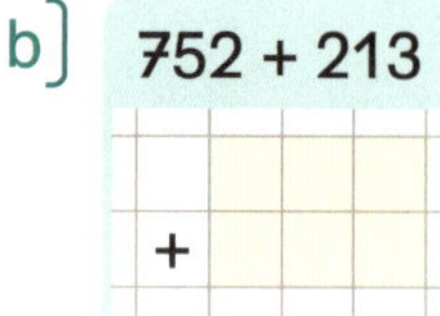

c) 402 + 75

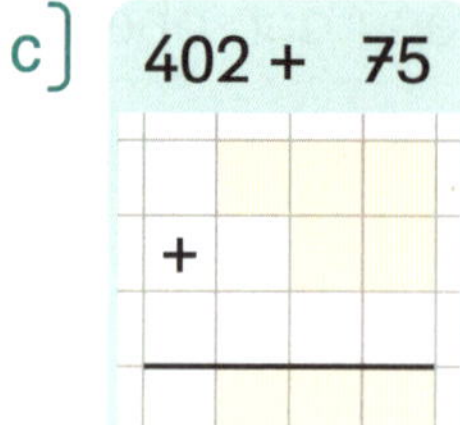

d) 67 + 231

2 Schreibe die Zahlen richtig untereinander.
Berechne das Ergebnis.

a) 252 + 413

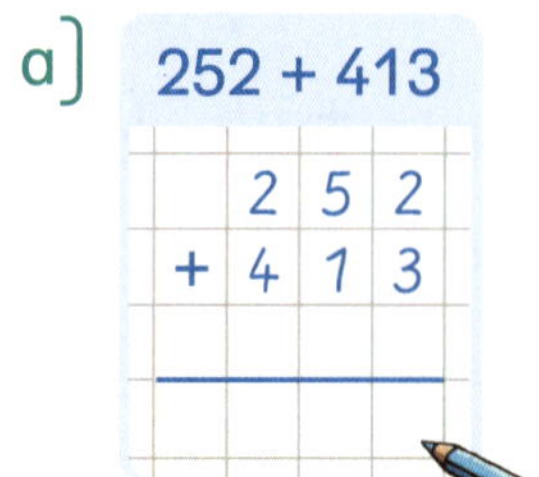

b) 235 + 464

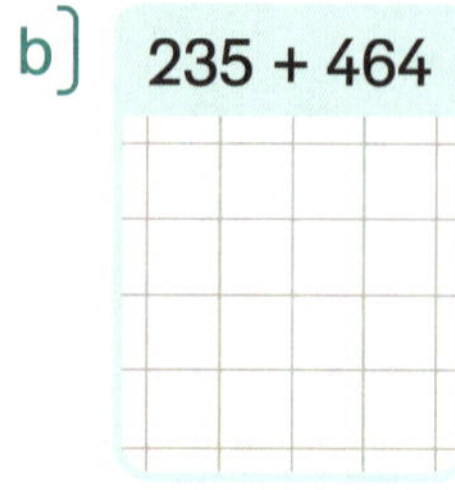

c) 314 + 245

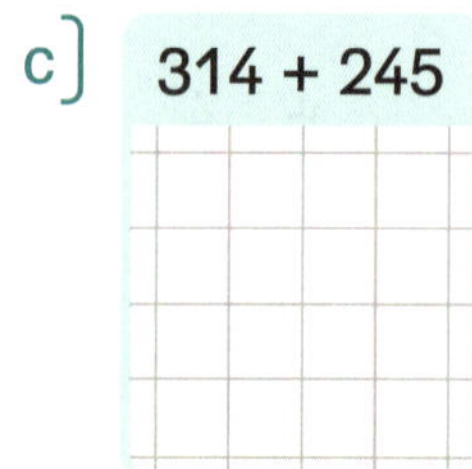

d) 842 + 136

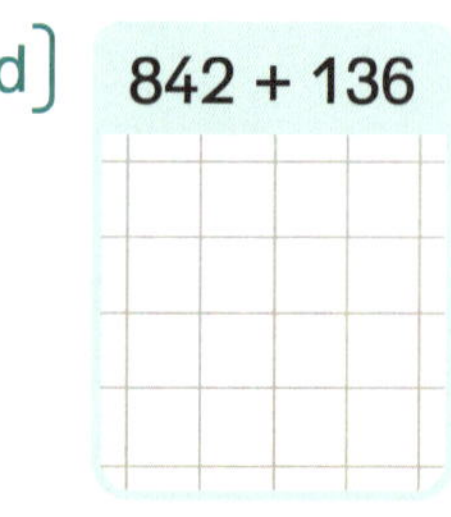

e) 504 + 93

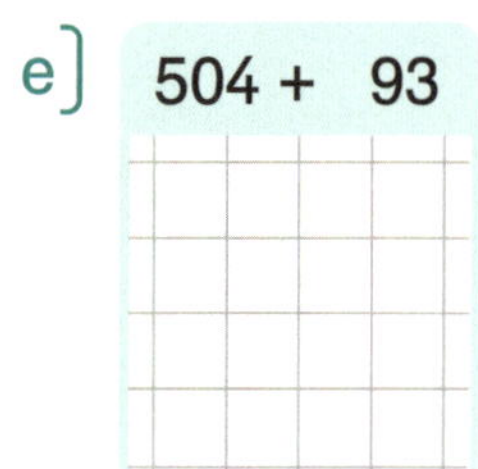

f) 734 + 14

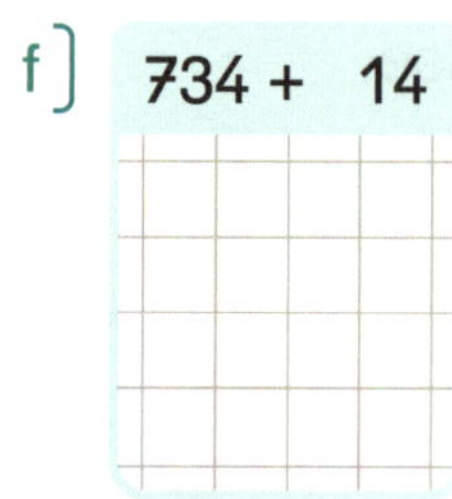

g) 21 + 371

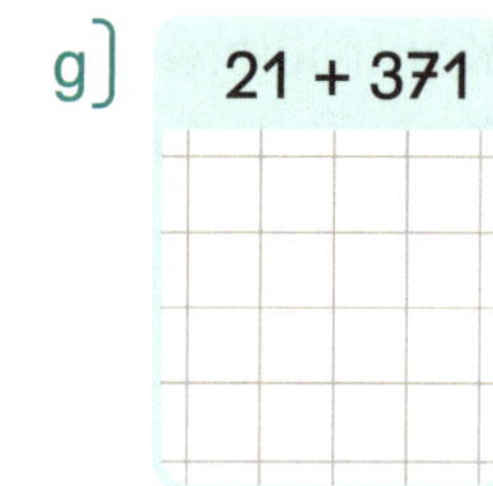

h) 55 + 123

3 Setze die fehlenden Ziffern ein.

a)

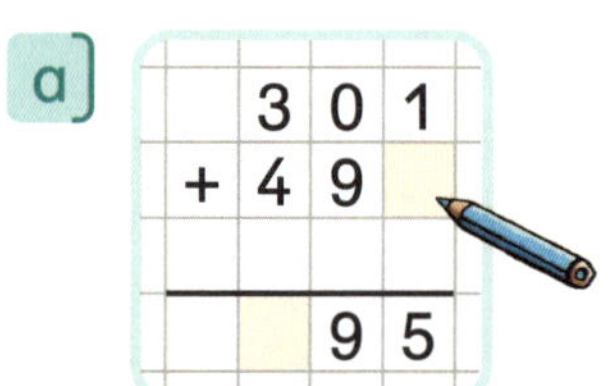

	3	0	1
+	4	9	
		9	5

b)

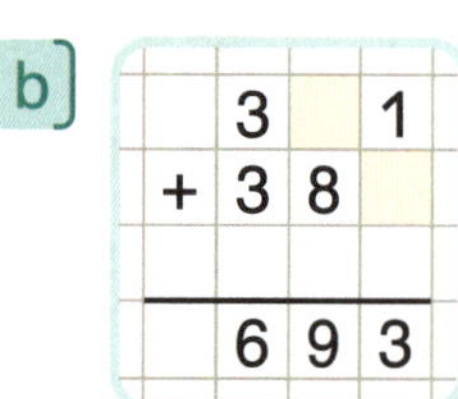

	3		1
+	3	8	
	6	9	3

c)

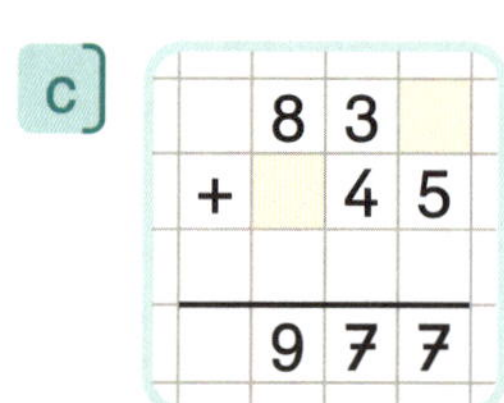

	8	3	
+		4	5
	9	7	7

d)

			6
+		4	1
	7	7	7

AH 26 ÜH 22

★ Additionsaufgaben mit zwei Summanden stellengerecht notieren und lösen
★ fehlende Ziffern in Additionsaufgaben bestimmen

1 Bestimme die gesuchten Zahlen durch schriftliches Addieren.

a)

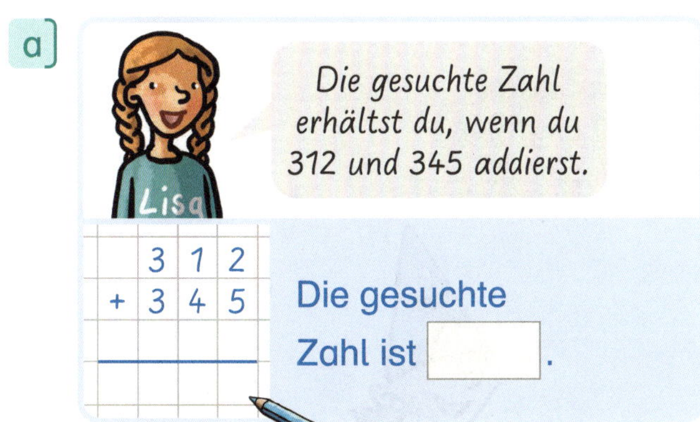

Die gesuchte Zahl ist ☐.

Die gesuchte Zahl ist ☐.

b)

Die gesuchte Zahl ist ☐.

Die gesuchte Zahl ist ☐.

c)

Die gesuchte Zahl ist ☐.

Die gesuchte Zahl ist ☐.

d) Besprich deine Vorgehensweise und deine Lösungen mit einem anderen Kind.

2 Löse die Knobelaufgaben.
Besprich deine Vorgehensweise und deine Lösungen mit einem anderen Kind.

a) Bilde sechs unterschiedliche dreistellige Zahlen mit den Ziffernkärtchen 1 2 3.

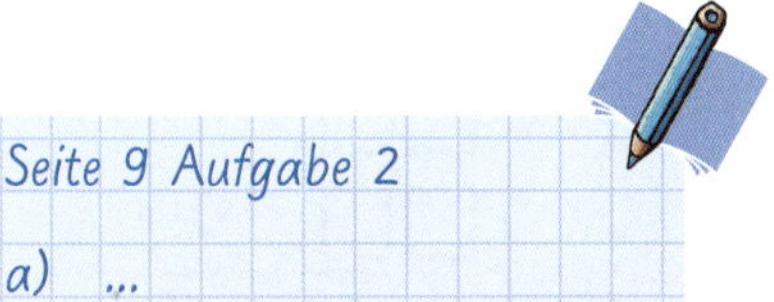

b) Schreibe immer zwei der Zahlen aus a untereinander und addiere sie. Finde fünf verschiedene Aufgaben.

Additionsaufgaben mit Übertrag zum Zehner kennenlernen

1 Übertrage die beiden dargestellten Zahlen in die Stellentafel.
Addiere dann die Zahlen von unten nach oben. Tausche um.
Sprich dazu wie Einstern.

a)

Hunderter	Zehner	Einer
□□	III	....
□	IIIII	...
3	8	11
3	9	1

	H	Z	E
	2	3	8
+	1	5	3
	3	8	11
	3	9	1

b)

Hunderter	Zehner	Einer
□	IIIII	....
□□		....

	H	Z	E
+			

c)

Hunderter	Zehner	Einer
□□	IIII	......
□□	III	.....

	H	Z	E
+			

* Rechenbilder in die Stellentafel übertragen
* zehn Einer zusammenfassen und in einen Zehner umtauschen

Mit Übertrag zum Zehner schriftlich addieren

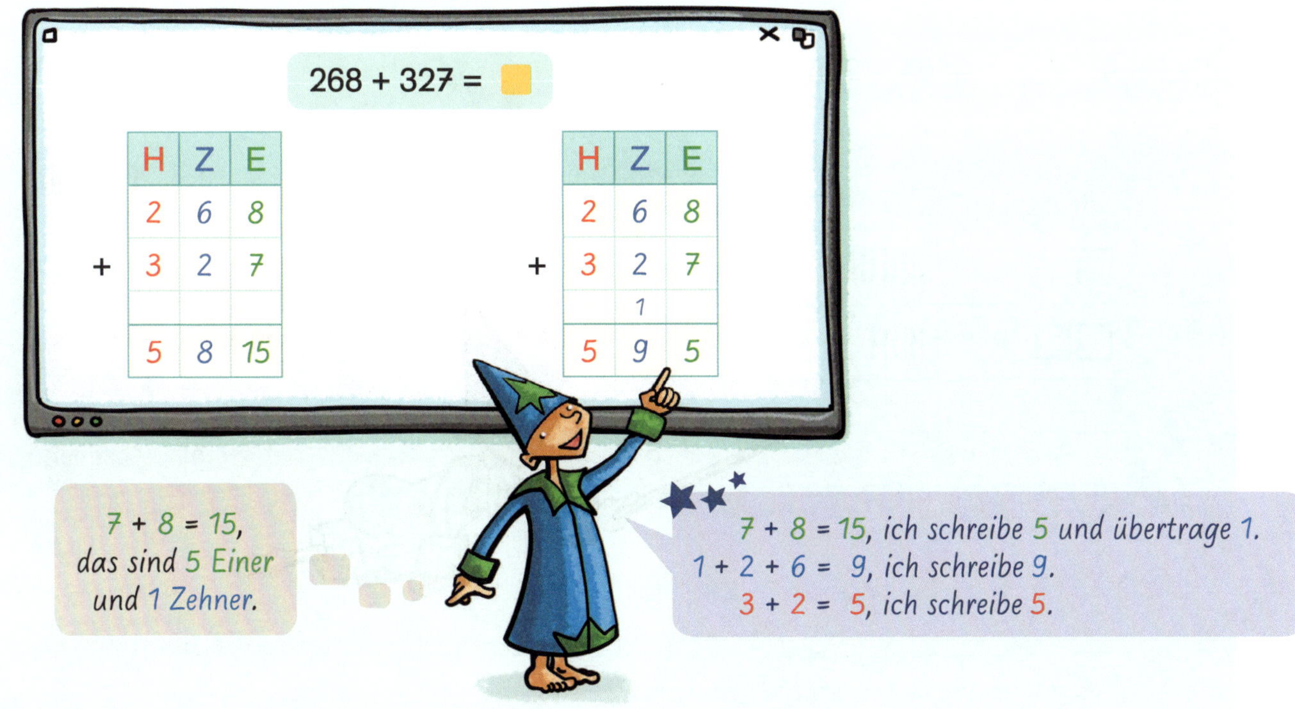

1 Löse die Aufgaben und sprich dazu wie Einstern.

a)

	H	Z	E
	5	4	3
+	2	3	9
		1	
	7	8	2

b)

	H	Z	E
	2	5	7
+	3	3	6

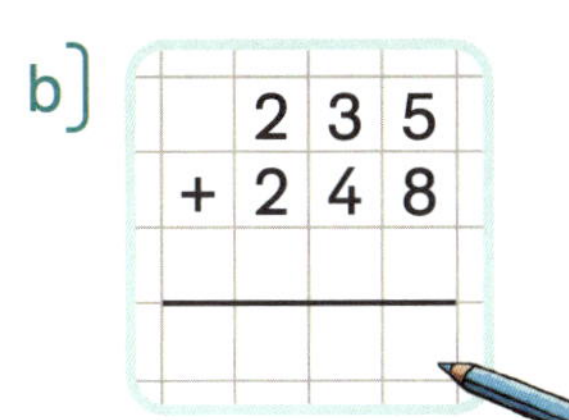

c)

	H	Z	E
	4	8	5
+	2	0	7

d)

	H	Z	E
	6	1	6
+	2	3	7

2 Löse die Aufgaben und sprich dazu wie Einstern.

a)
```
  4 2 7
+ 2 5 7
    1
  6 8 4
```

b)
```
  2 3 5
+ 2 4 8
```

c)
```
  4 2 5
+ 2 1 6
```

d)
```
  3 4 6
+ 4 2 8
```

3 Schreibe die Zahlen richtig untereinander. Berechne das Ergebnis.

a) 365 + 227
```
  3 6 5
+ 2 2 7
```

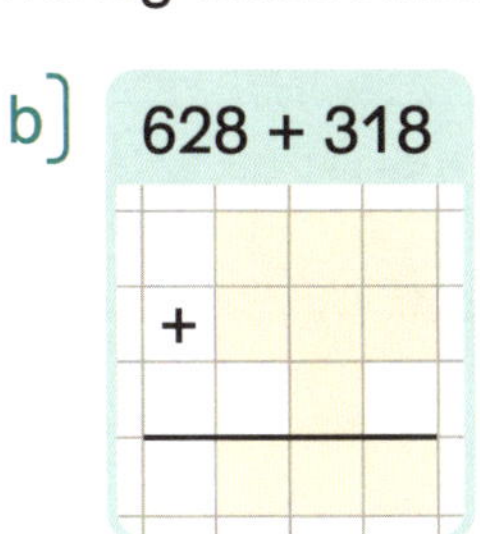

b) 628 + 318

c) 456 + 38

d) 26 + 254

★ SF: stellengerecht addieren, richtige Sprechweise anwenden ★ zehn Einer zusammenfassen, in einen Zehner umtauschen und als Übertragszahl notieren
★ Additionsaufgaben mit Übertrag zum Zehner stellengerecht notieren und lösen

1 Additionsaufgaben mit Übertrag zum Hunderter kennenlernen

1 Übertrage die beiden dargestellten Zahlen in die Stellentafel.
Addiere dann die Zahlen von unten nach oben. Tausche um.
Sprich dazu wie Einstern.

a)

Hunderter	Zehner	Einer
□□	IIIIIII	...
□	IIIII	....
3	12	7
4	2	7

	H	Z	E
	2	7	3
+	1	5	4
	3	12	7
	4	2	7

b)

Hunderter	Zehner	Einer
□□	III	....
□□	IIIIIIII	.....

	H	Z	E
+			

c)

Hunderter	Zehner	Einer
□	IIII	.
□□	IIIIIIII	.....

	H	Z	E
+			

* Rechenbilder in die Stellentafel übertragen
* zehn Zehner zusammenfassen und in einen Hunderter umtauschen

Mit Übertrag zum Hunderter schriftlich addieren

7 + 6 = 13,
das sind 3 Zehner
und 1 Hunderter.

3 + 4 = 7, ich schreibe 7.
7 + 6 = 13, ich schreibe 3 und übertrage 1.
1 + 4 + 3 = 8, ich schreibe 8.

1 Löse die Aufgaben und sprich dazu wie Einstern.

a)

	H	Z	E
	2	4	3
+	3	7	4
	1		
	6	1	7

b)

	H	Z	E
	3	5	6
+	4	7	2

c)

	H	Z	E
	7	5	4
+	1	9	5

d)

	H	Z	E
	1	8	5
+	3	6	1

2 Löse die Aufgaben und sprich dazu wie Einstern.

a)

	1	7	4
+	6	4	5
	1		
	8	1	9

b)

	3	5	3
+	2	5	2

c)

	5	8	1
+	3	6	5

d)

	2	6	3
+	4	7	2

3 Schreibe die Zahlen richtig untereinander. Berechne das Ergebnis.

a) 274 + 352

	2	7	4
+	3	5	2

b) 334 + 93

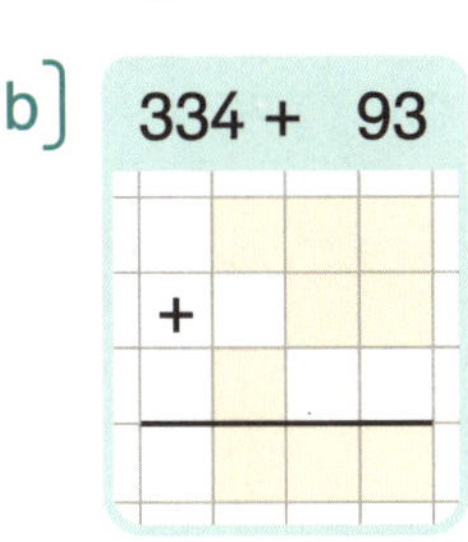

c) 458 + 270

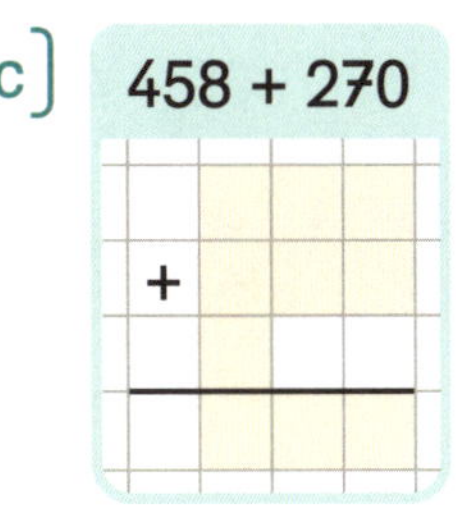

d) 64 + 445

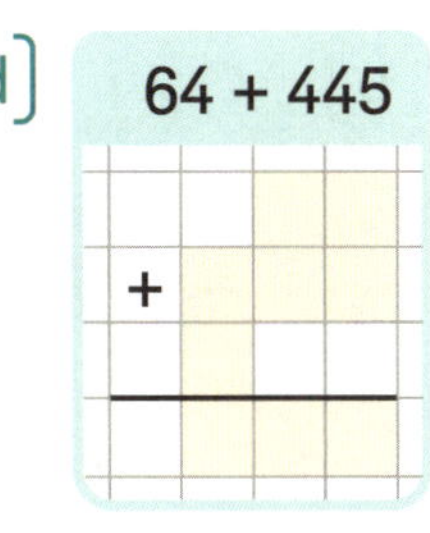

1 Mit einer Übertragszahl addieren

1 Löse die Aufgaben. Denke an die Übertragszahl beim Zehner.
Kontrolliere selbst.

a) 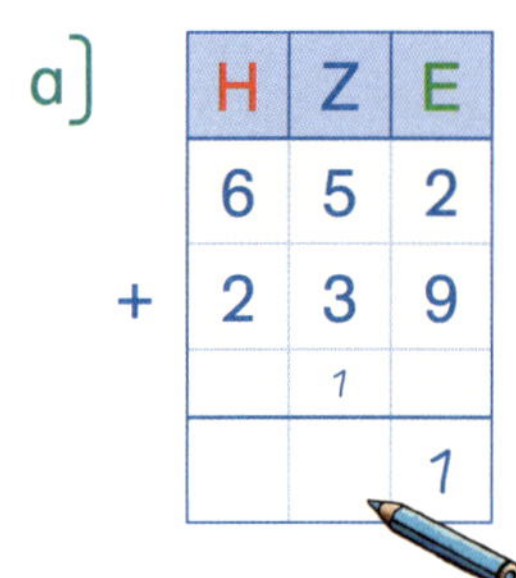

b) 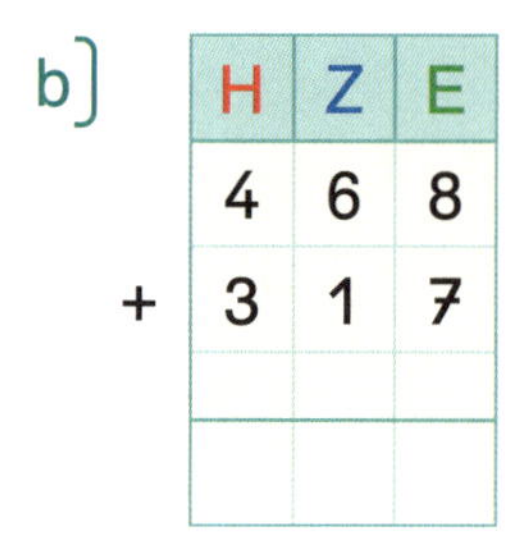

c) 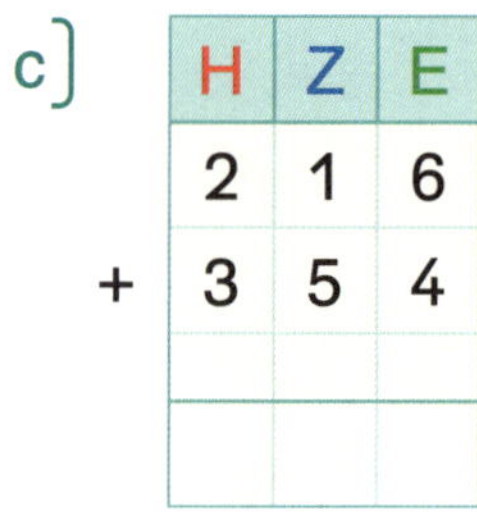

2 Löse die Aufgaben. Denke an die Übertragszahl beim Hunderter.
Kontrolliere selbst.

a) 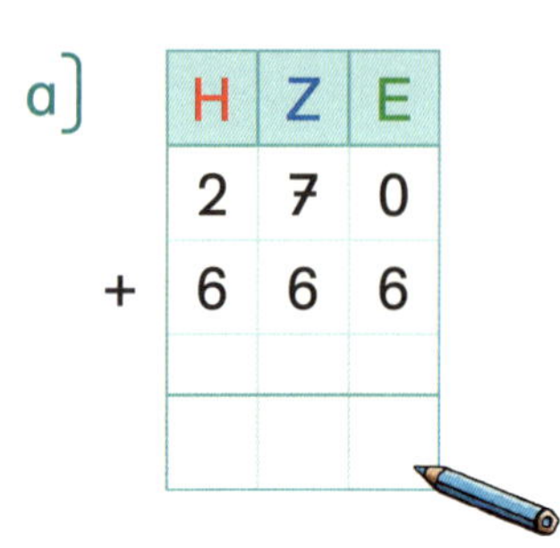

b) 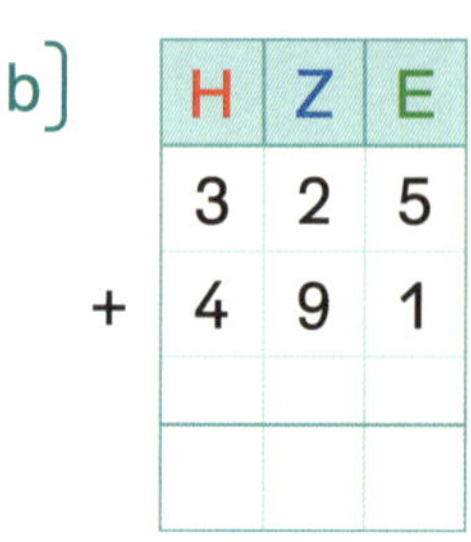

c) 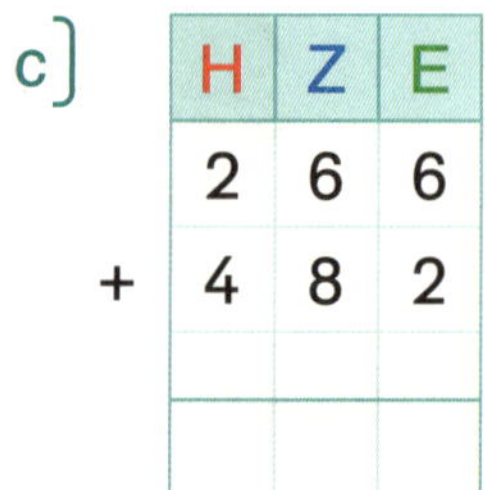

3 Löse die Aufgaben. Denke an die Übertragszahl.
Kontrolliere selbst.

a) 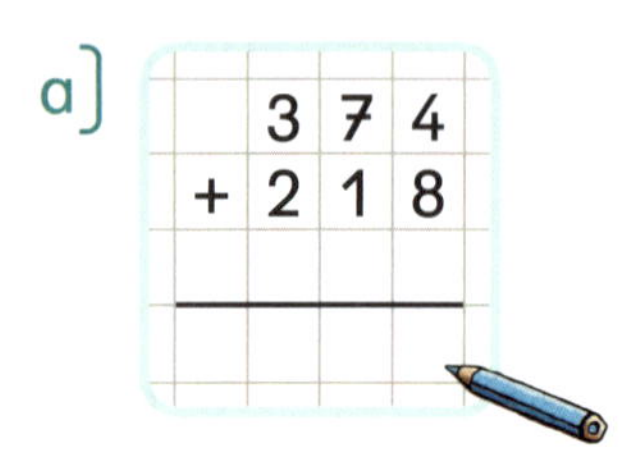

b) 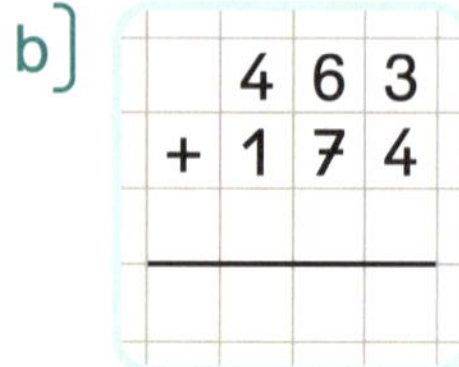

c) 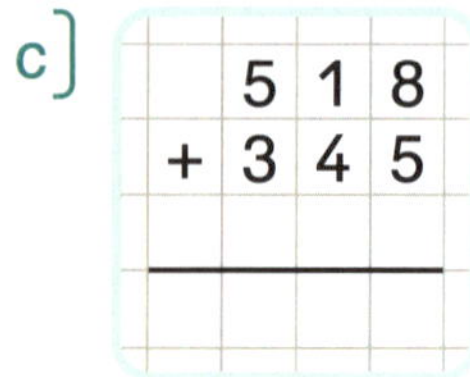

4 Schreibe die Zahlen richtig untereinander.
Berechne das Ergebnis. Denke an die Übertragszahl.
Kontrolliere selbst.

a) 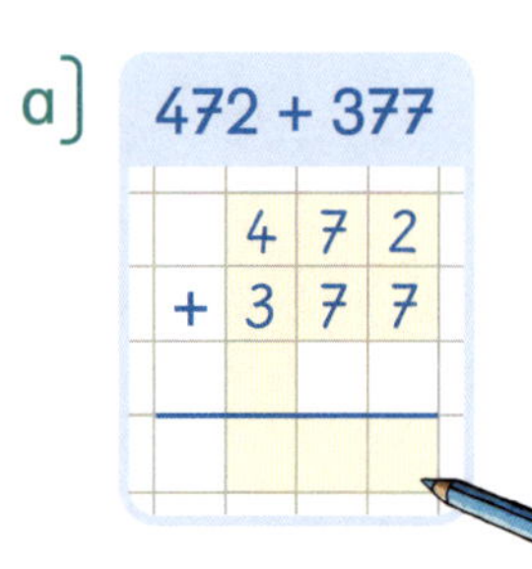

b) 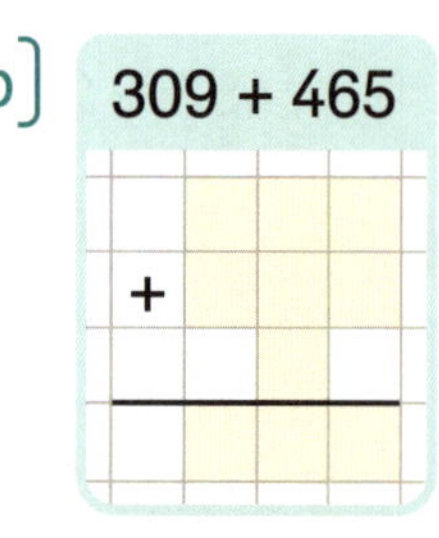

c) 275 + 52

+

* Additionsaufgaben mit Übertragszahl beim Zehner oder Hunderter lösen und kontrollieren
* Additionsaufgaben mit Übertrag stellengerecht notieren und lösen

1 Löse die Aufgaben. Denke an die Übertragszahlen. Kontrolliere selbst.

a)

	H	Z	E
	5	6	4
+	3	7	8
	1	1	
	9	4	2

b)

	H	Z	E
	3	7	2
+	2	5	8

c)

	H	Z	E
	4	7	7
+		9	8

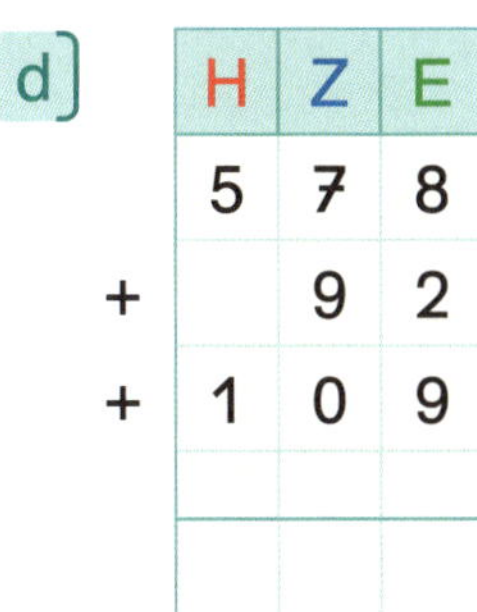

d)

	H	Z	E
	5	7	8
+		9	2
+	1	0	9

e)

	H	Z	E
	3	6	8
+	2	4	5
+	3	6	1

f)

	H	Z	E
	1	6	9
+			8
+	3	8	1

558 575 630 779 ~~942~~ 974

2 Löse die Aufgaben. Denke an die Übertragszahlen. Kontrolliere selbst.

a)

	7	8	7
+	1	2	5
	1	1	
	9	1	2

b)

	2	6	9
+		5	4

c)

	5	7	8
+	2	6	3

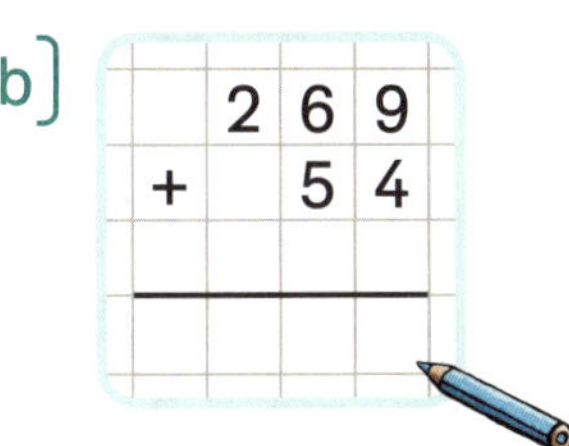

d)

	5	6	8
+	2	5	7
+	1	3	3

e)

	4	6	5
+			9
+	3	7	2

f)

	1	8	7
+	5	1	3
+		5	1

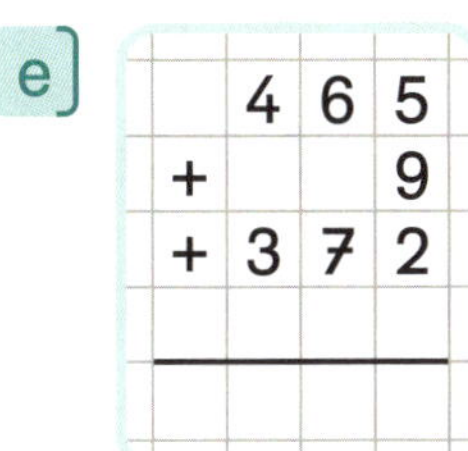

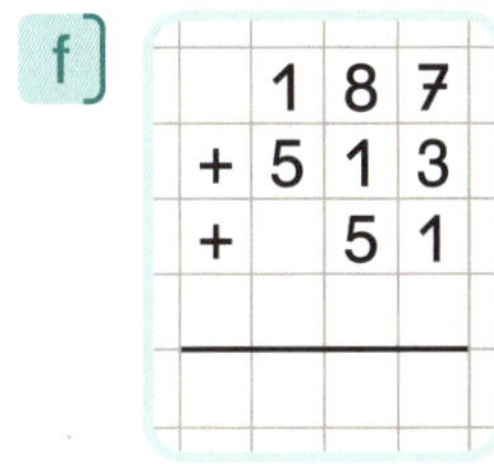

323 751 841 846 ~~912~~ 958

3 Schreibe die Zahlen richtig untereinander. Berechne das Ergebnis. Denke an die Übertragszahlen. Kontrolliere selbst.

a) 354 + 267

	3	5	4
+	2	6	7

b) 146 + 578

c) 284 + 69

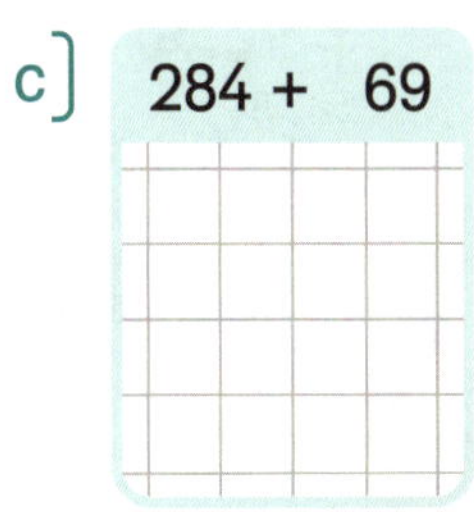

353 621 724

1 Stunde = 60 Minuten
1 h = 60 min

1 Lies die Uhrzeit ab.

a) Schreibe die Vormittagszeit auf.

6:10 Uhr

18:10 Uhr

21:25 Uhr

16:22 Uhr

b) Schreibe die Nachmittagszeit auf.

0:40 Uhr

6:55 Uhr

3:51 Uhr

2 Schreibe die passende Uhrzeit auf.
Achte auf die Tageszeit.

a) 

Mittag

13:08 Uhr

b) 

Morgen

c) Abend

d) 

Nachmittag

ÜH 24

★ Uhrzeiten in beiden Tageshälften in Stunden und Minuten ablesen und notieren
★ Uhrzeit in Abhängigkeit zur angegebenen Tageszeit ablesen und notieren

Unterschiedliche Zeitangaben verstehen

1 Betrachtet die Zeitangaben der Kinder.
Besprecht, welche Angaben ihr benutzen würdet.

2 Ordne passend zu.

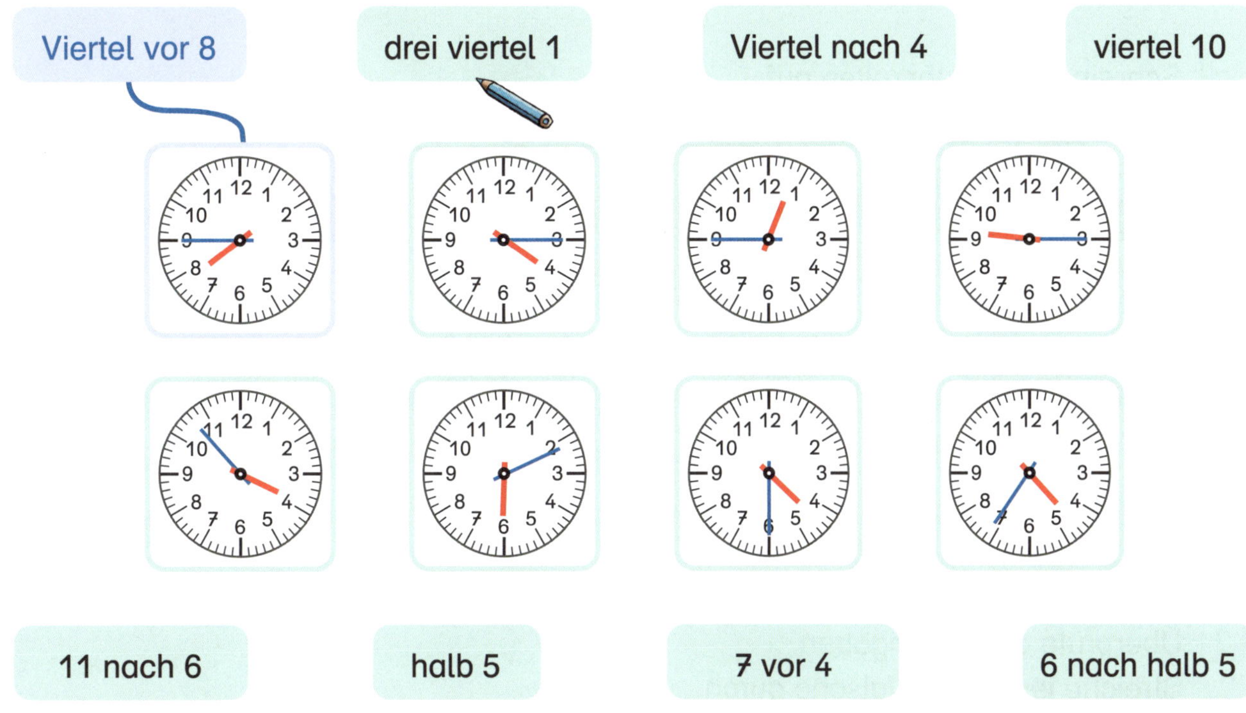

3 Suche dir ein anderes Kind.
Stellt verschiedene Uhrzeiten ein.
Lest die Uhrzeiten ab.
Sagt es unterschiedlich.

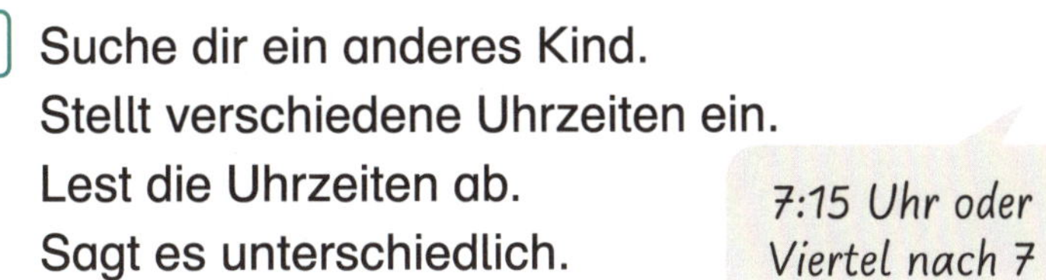

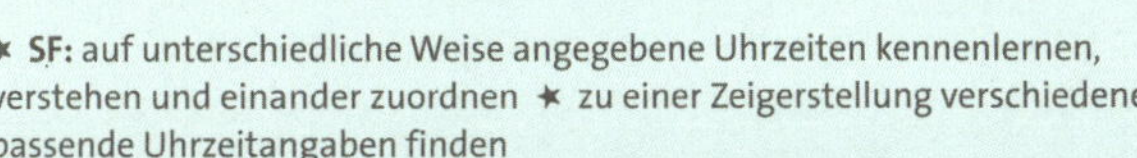

★ SF: auf unterschiedliche Weise angegebene Uhrzeiten kennenlernen, verstehen und einander zuordnen ★ zu einer Zeigerstellung verschiedene passende Uhrzeitangaben finden

2 Uhrzeiten ablesen und benennen

1 Lies die Uhrzeit ab.

a) Schreibe die Vormittagszeit auf.

13:20 Uhr

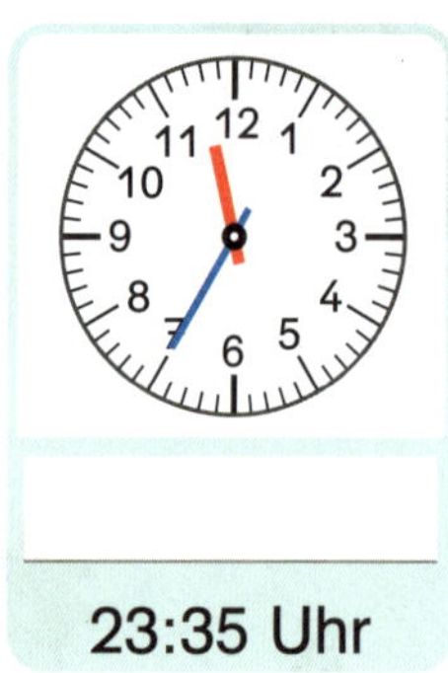

23:35 Uhr

22:07 Uhr

14:39 Uhr

b) Schreibe die Nachmittagszeit auf.

4:50 Uhr

9:05 Uhr

8:23 Uhr

4:47 Uhr

c) Schreibe beide Uhrzeiten auf.

2 Überprüfe die Zeitangaben.
Streiche jeweils die falsche durch.

a)

19:15 Uhr
viertel 8
viertel 7
Viertel nach 7

b)

14:45 Uhr
drei viertel 3
Viertel vor 3
15 Minuten nach 3

B

* Uhrzeiten in beiden Tageshälften in Stunden und Minuten ablesen und notieren
* zu einer Zeigerstellung unpassende Uhrzeitangabe identifizieren

Der kleine Zeiger (Stundenzeiger) braucht eine Stunde, um von einer Zahl zur nächsten zu wandern.

Der große Zeiger (Minutenzeiger) zeigt an, wie viele Minuten seit der letzten vollen Stunde vergangen sind. Wenn er einmal im Kreis herumgewandert ist, sind 60 Minuten vergangen. Das ist genau eine Stunde.

Der dünne lange Zeiger (Sekundenzeiger) zeigt an, wie viele Sekunden seit der letzten vollen Minute vergangen sind. Auch für ihn gelten die Minutenstriche an der Uhr. Wenn er einmal im Kreis herumgewandert ist, sind 60 Sekunden vergangen. Das ist genau eine Minute.

Das ist der *Sekundenzeiger*.

1 Stunde = 60 Minuten
1 h = 60 min

1 Minute = 60 Sekunden
1 min = 60 s

1 Lies die Vormittagszeit auf die Sekunde genau ab. Schreibe sie auf.

a) 

5:20 Uhr und 40 s

b) 

c) 

d) 

e) 

f) 

* den Sekundenzeiger und dessen Zusammenhang mit dem Minutenzeiger kennenlernen
* an der Zeigeruhr Uhrzeiten auf die Sekunde genau ablesen und notieren

Bei manchen Uhren ist die Uhrzeit mit Zahlen dargestellt.
Diese Uhren werden Digitaluhren genannt.

Es ist 10:32 Uhr und 43 Sekunden.

1 Verbinde jede Digitalanzeige mit der passenden Uhrzeit.

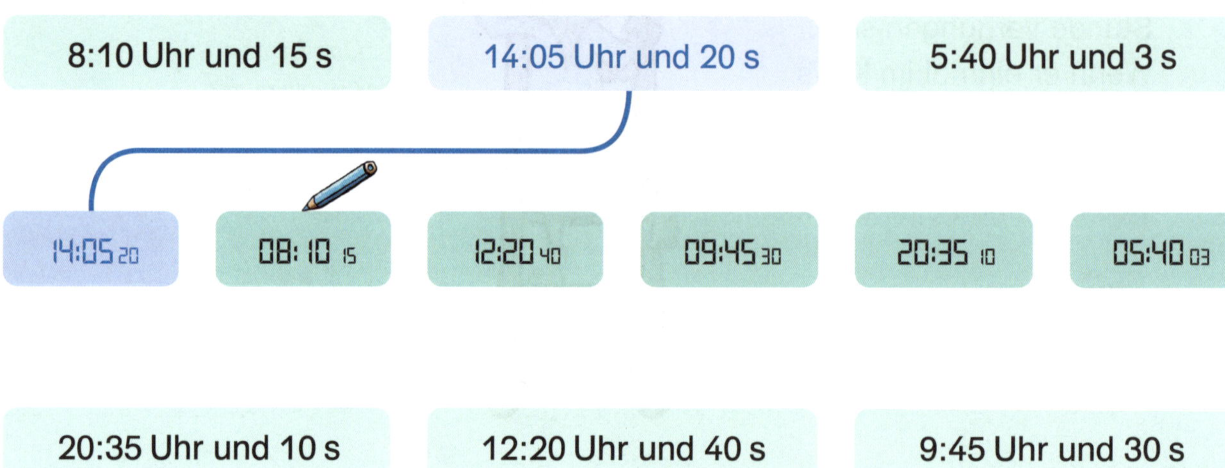

2 Lies die Digitalanzeige ab und notiere die Uhrzeit.

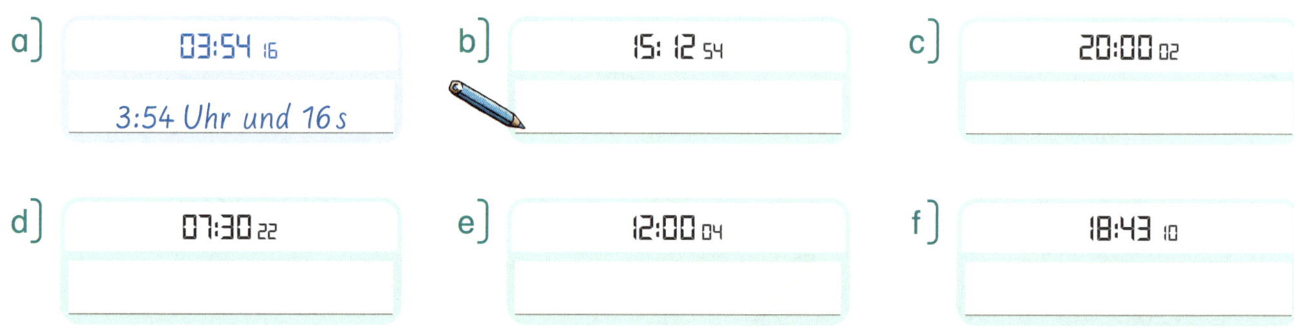

3 Lies die Digitalanzeige ab und notiere die Uhrzeit. Ergänze jeweils die Tageszeit.

AH 30

- ★ an der Digitaluhr Uhrzeiten auf die Sekunde genau ablesen und notieren
- ★ an der Digitaluhr abgelesenen Uhrzeiten die zugehörige Tageszeit zuordnen

Zeitdauer von Tätigkeiten bestimmen

1 Suche dir ein anderes Kind. Schätzt immer zuerst, wie lange ihr braucht. Führt dann die Tätigkeiten aus und messt die Zeitdauer mit der Stoppuhr.

- 10 Kniebeugen machen
- die Schultasche ein- und auspacken
- alle Monatsnamen nennen
- von 1 bis 50 zählen
- 10 Stifte anspitzen
- die Hände waschen

2 Suche und bestimme gemeinsam mit einem anderen Kind Tätigkeiten, die ...

a) ... 1 Sekunde dauern: ______________________

b) ... 10 Sekunden dauern: ______________________

c) ... 30 Sekunden dauern: ______________________

3 Suche dir andere Kinder. Bestimmt mithilfe einer Stoppuhr, wie lange ihr jeweils ein Buch mit gestrecktem Arm waagerecht halten könnt. Schreibt die Zeiten auf Zettel. Erstellt eine Rangfolge und vergleicht die Ergebnisse.

- ★ Dauer von Tätigkeiten in der Einheit „Sekunde" schätzen und messen
- ★ zu vorgegebenen Zeitspannen verschiedene Tätigkeiten als Repräsentanten finden
- ★ die Zeitdauer von Vorgängen bestimmen

Zeitangaben umwandeln

1 Stunde = 60 Minuten
1 h = 60 min

1 Minute = 60 Sekunden
1 min = 60 s

1 Wandle die Zeitangaben in Minuten um.

a) 1 Stunde = *60 Minuten*
2 Stunden = ______
5 Stunden = ______

b) 1 Stunde 20 Minuten = ______
2 Stunden 8 Minuten = ______
4 Stunden 5 Minuten = ______

2 Wandle die Zeitangaben in Sekunden um.

a) 1 Minute = *60 Sekunden*
2 Minuten = ______
10 Minuten = ______

b) 1 Minute 30 Sekunden = ______
2 Minuten 45 Sekunden = ______
6 Minuten 40 Sekunden = ______

3 Wandle die Zeitangaben um ...

a) ... in Stunden und Minuten.
65 Minuten = *1 Stunde 5 Minuten*
90 Minuten = ______

b) ... in Minuten und Sekunden.
100 Sekunden = ______
150 Sekunden = ______

4 Vergleiche die Zeitangaben. Setze die Zeichen <, > oder = passend ein.

a) 50 s (<) 1 min 10 s
75 s ( ) 1 min 5 s

b) 2 min ( ) 180 s
5 min ( ) 300 s

c) 190 s ( ) 2 min 15 s
250 s ( ) 4 min 20 s

5 Gestaltet ein Lernplakat zu unterschiedlichen Zeitspannen.
Ihr könnt diese Anregungen verwenden und dazu malen oder schreiben.

1 Minute = ☐ Sekunden
1 Stunde = ☐ Minuten
1 Tag = ☐ Stunden
1 halbe Stunde = ☐ Minuten
1 Viertelstunde = ☐ Minuten
...

ÜH 26

★ Zeitangaben in unterschiedlichen Einheiten in andere Einheiten umwandeln
★ in unterschiedlichen Einheiten vorgegebene Zeitangaben vergleichen
★ **MK:** zu unterschiedlichen Zeitspannen ein Lernplakat gestalten

Zeitangaben in Minuten und Sekunden vergleichen

1 Schreibe alle Zeiten in Sekunden sowie in Minuten und Sekunden.

Name	Zeit in Sekunden	Zeit in Minuten und Sekunden
Tim	86 s	1 min 26 s
Patrick		1 min 3 s
Lea	83 s	
Lena	99 s	
Tobi		2 min 20 s
Maja		1 min 59 s

2 Betrachte die Tabelle in Aufgabe 1. Beantworte die Fragen.

a) Wer war am schnellsten? ______

b) Wer hat die meiste Zeit benötigt? ______

c) Wie groß ist der Unterschied zwischen dem schnellsten und dem langsamsten Kind?

______

3 Betrachte die Tabelle in Aufgabe 1. Ergänze die Vergleiche.

a) Maja braucht 20 s länger als Lena.

b) Tobi braucht ______ länger als Lena.

c) Patrick war ______ schneller als Lena.

⋆ Zeitangaben in unterschiedlichen Einheiten in andere Einheiten umwandeln
⋆ **MK/SF:** Informationen aus Tabellen entnehmen, Fragen beantworten, Aussagen vervollständigen

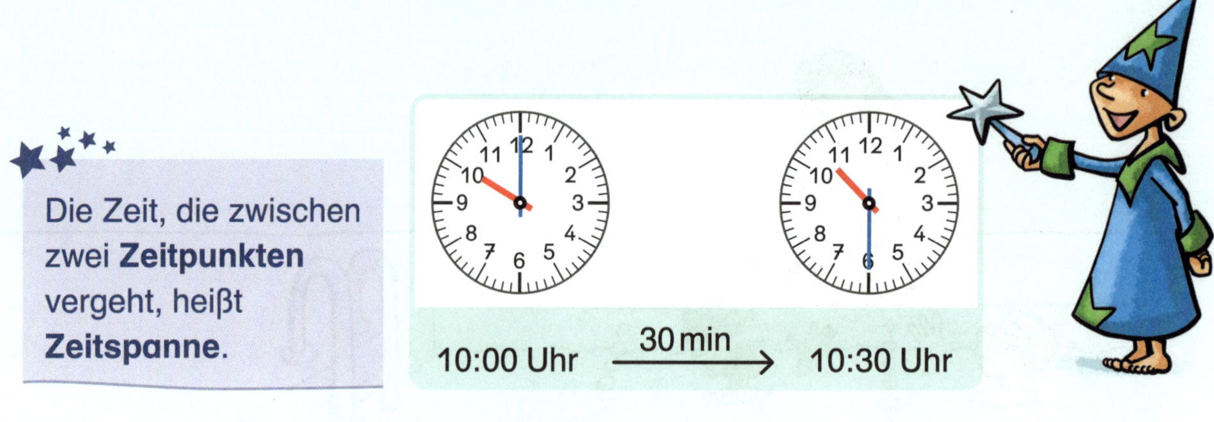

1 Lies ab, wie viele Stunden (h) vergangen sind.

2 Lies ab, wie viele Minuten (min) vergangen sind.

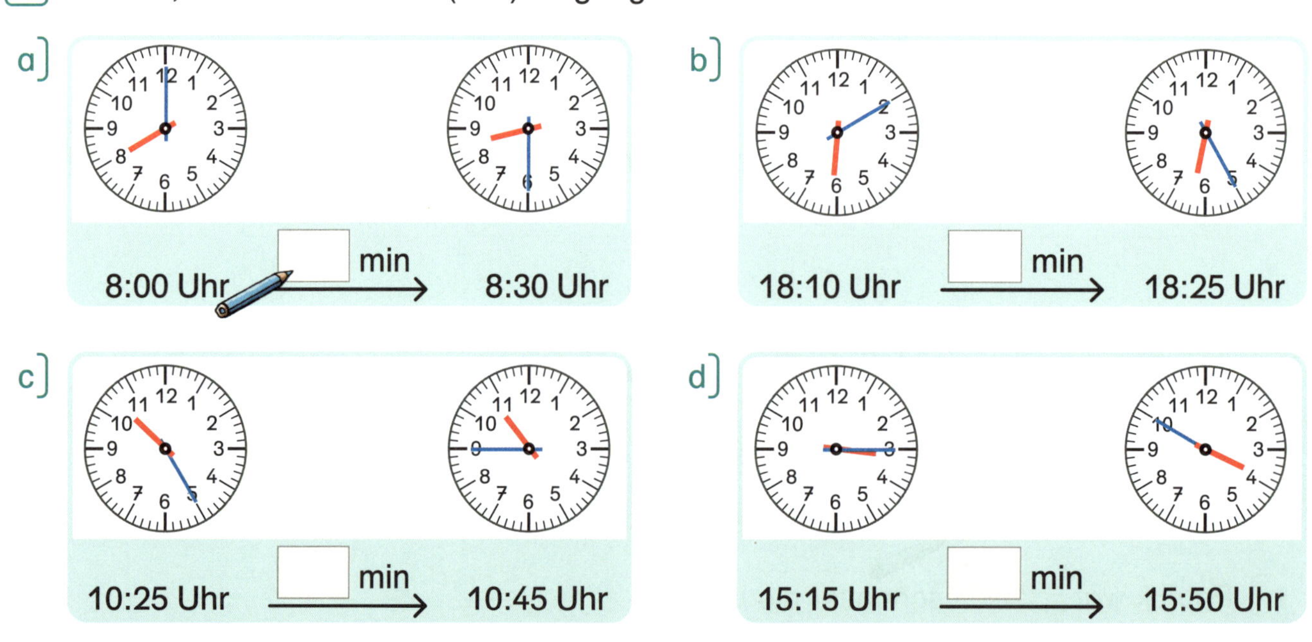

★ Zeitspannen in Stunden und Minuten ermitteln und notieren

3 Bestimme die Uhrzeit. Trage die richtige Zeigerstellung ein.

a)
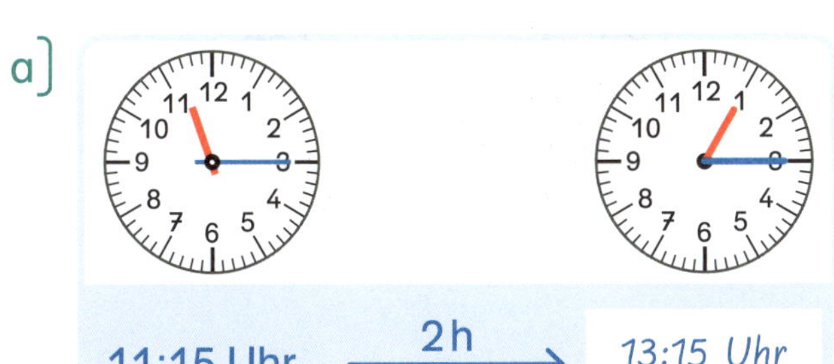

11:15 Uhr —2 h→ 13:15 Uhr

b)
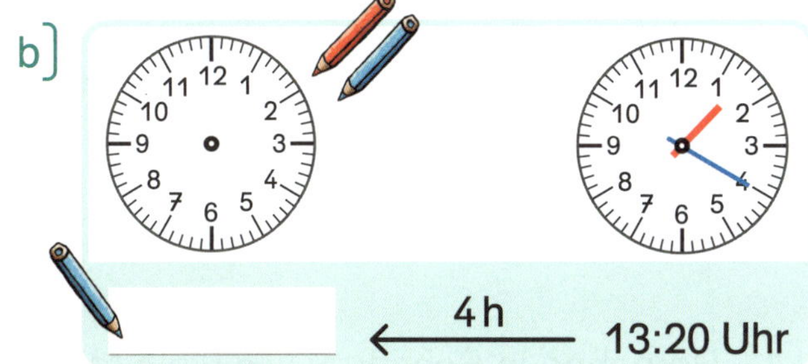

______ ←4 h— 13:20 Uhr

c)
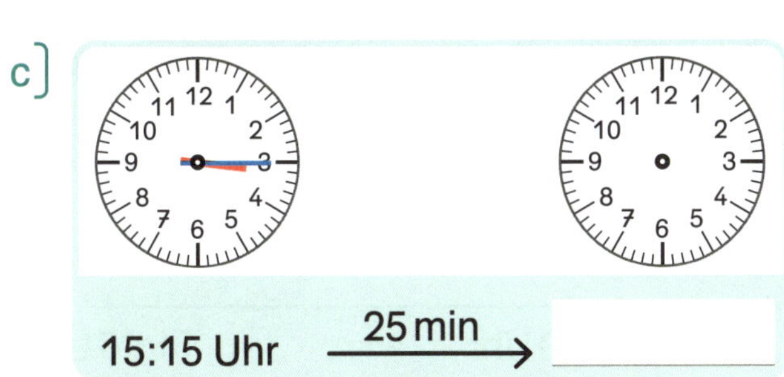

15:15 Uhr —25 min→ ______

d)
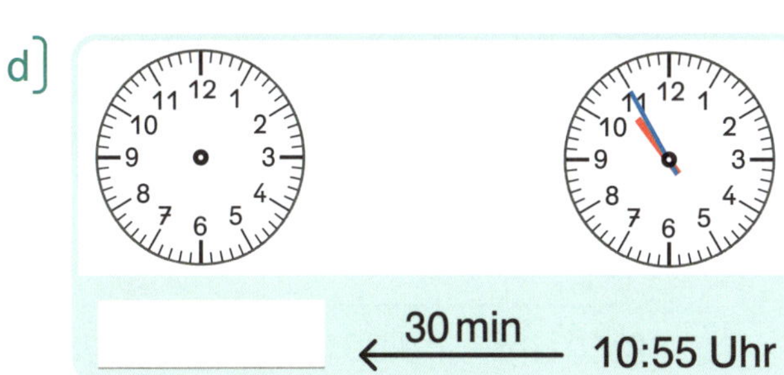

______ ←30 min— 10:55 Uhr

e)
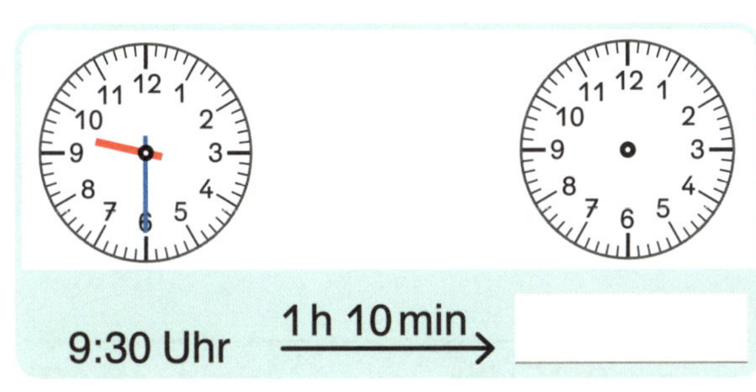

9:30 Uhr —1 h 10 min→ ______

f)
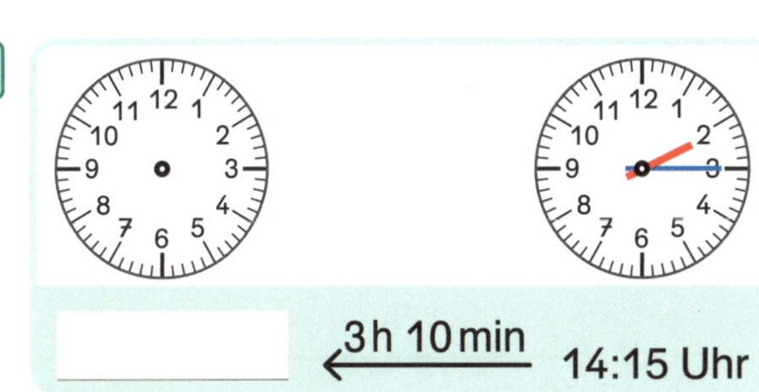

______ ←3 h 10 min— 14:15 Uhr

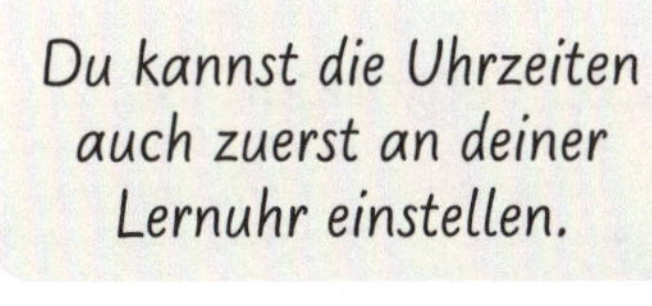

4 Berechne die Uhrzeiten.

a) 9:15 Uhr —4 h→ ______

b) ______ ←3 h— 10:35 Uhr

c) 16:40 Uhr —20 min→ ______

d) ______ ←40 min— 10:45 Uhr

e) 14:20 Uhr —2 h 15 min→ ______

f) ______ ←5 h 20 min— 18:50 Uhr

Zeitspannen in Schritten bestimmen

Manchmal kann ich die vergangene Zeit nicht direkt ablesen oder berechnen. Dann muss ich schrittweise vorgehen. Eine Skizze kann dabei helfen.

1 Berechne in Schritten, wie viele Minuten vergangen sind.

a) 8:40 Uhr ⟶ 9:15 Uhr

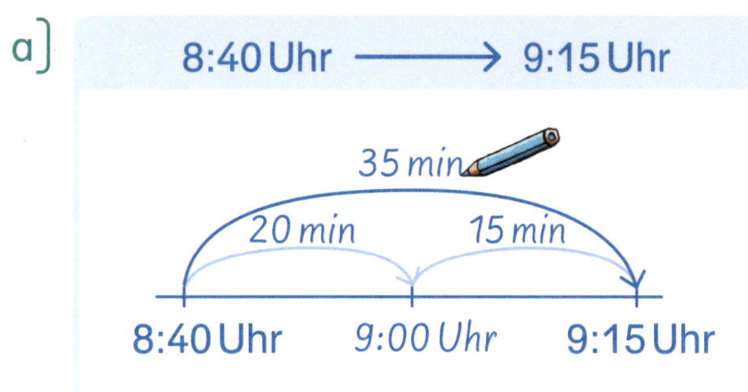

b) 13:40 Uhr ⟶ 14:15 Uhr

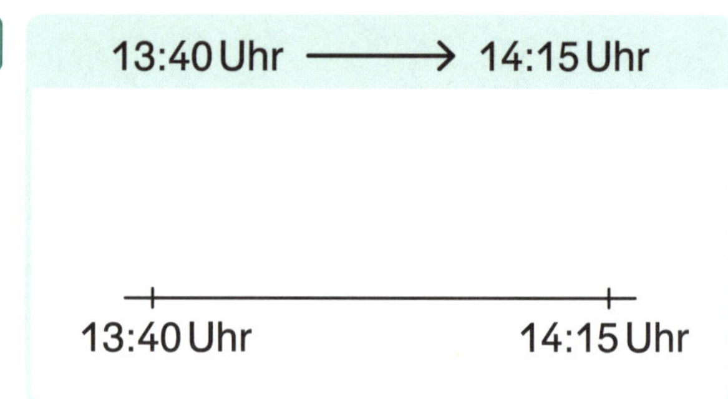

c) 7:40 Uhr ⟶ 8:08 Uhr

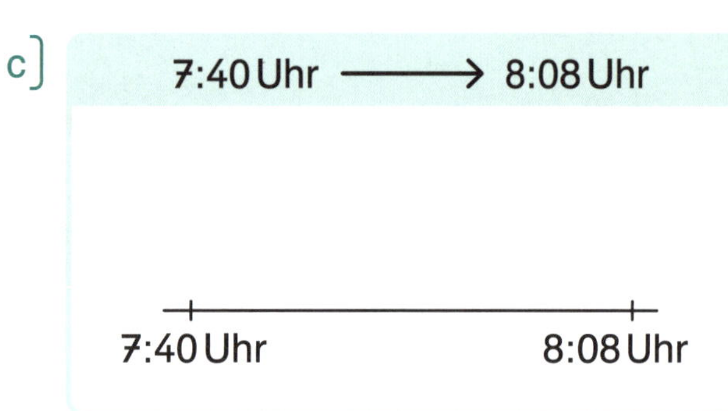

d) 9:35 Uhr ⟶ 10:12 Uhr

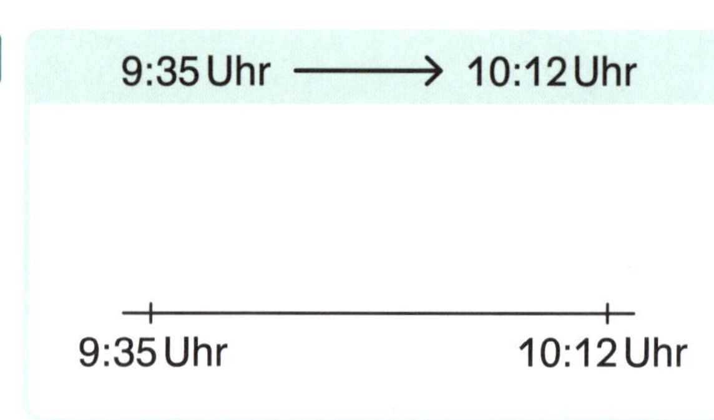

2 Berechne in Schritten, wie viel Zeit vergangen ist.

a) 9:05 Uhr ⟶ 14:15 Uhr

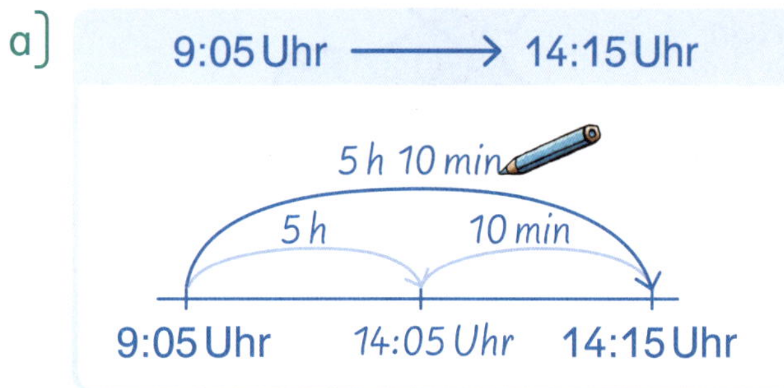

b) 16:50 Uhr ⟶ 23:20 Uhr

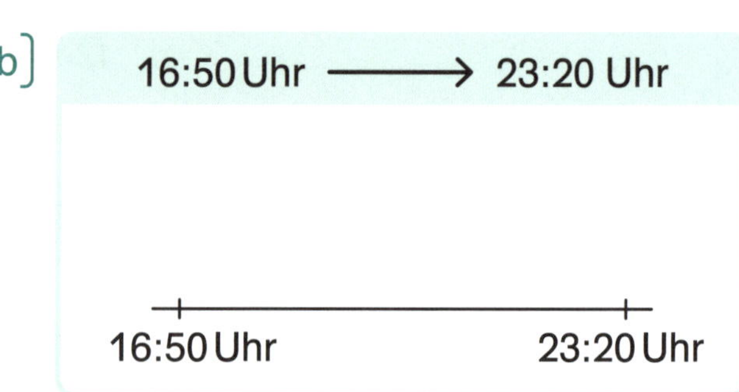

3 Schreibe die Rechnung (R) als Pfeilbild und die Antwort (A) in dein Heft.

G: Tim war ab 14:45 Uhr auf dem Sportplatz.
Lea kommt um 15:20 Uhr dazu.

F: Wie lange ist Tim schon da?

AH 32

ÜH 28

* bei vorgegebenen Anfangs- und Endzeitpunkten die dazwischenliegenden Zeitspannen in Schritten ermitteln
* **SF:** Rechengeschichte mithilfe eines Pfeilbildes lösen und beantworten

Das ist unser Stundenplan.

	Montag	Dienstag	Mittwoch	Donnerstag	Freitag
8:00 – 8:45 Uhr	Deutsch	Mathematik	Kunst	Sachunterricht	Deutsch
8:45 – 9:30 Uhr	Sachunterricht	Sachunterricht	Englisch	Mathematik	Deutsch
9:30 – 9:45 Uhr	Pause				
9:45 – 10:30 Uhr	Mathematik	Deutsch	Deutsch	Deutsch	Mathematik
10:30 – 11:15 Uhr	Englisch	Musik	Mathematik	Deutsch	Ethik
11:15 – 11:30 Uhr	Pause				
11:30 – 12:15 Uhr	Sport	Ethik	Sport	Werken	Musik
12:15 – 13:00 Uhr	Sport	Förderunterricht	–	Werken	–

1 Ergänze die Aussagen zu Tims und Leas Stundenplan.

a) Eine Unterrichtsstunde dauert *45 Minuten*.

b) Eine Pause dauert ____________.

c) Der Sportunterricht am Montag dauert ____________.

d) Montags sind die Kinder ☐ Stunden in der Schule.

e) Wenn Sport ausfällt, sind die Kinder montags ____________ in der Schule.

Das hilft.

Dauer
Beginn
Ende

f) Lea benötigt 20 Minuten für ihren Schulweg.
Lea muss spätestens um ____________ zu Hause losgehen,
um pünktlich in die Schule zu kommen.

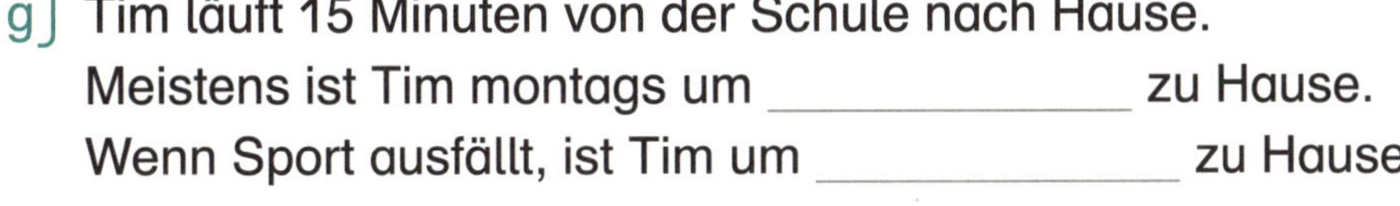

g) Tim läuft 15 Minuten von der Schule nach Hause.
Meistens ist Tim montags um ____________ zu Hause.
Wenn Sport ausfällt, ist Tim um ____________ zu Hause.

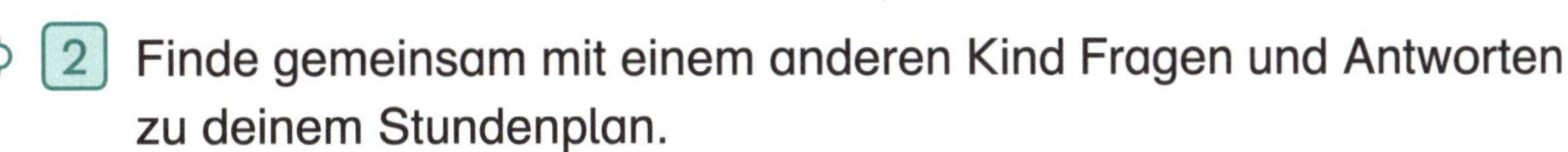

2 Finde gemeinsam mit einem anderen Kind Fragen und Antworten zu deinem Stundenplan.

Abfahrt Stuttgart Hbf

Zeit	Zug	in Richtung	Gleis
14:01	RE 4241	Plochingen 14:17 - Göppingen 14:28 - **Lindau-Insel 16:55**	15
14:04	EC 218	**CHIEMGAU** Darmstadt Hbf 15:22 - **Erfurt Hbf 19:00**	8
14:07	IC 2069	Aalen Hbf 14:56 - Crailsheim 15:23 - **Nürnberg Hbf 16:18**	16
14:08	RE 19072	Heilbronn Hbf 14:47 - **Würzburg Hbf 16:20**	4
14:14	ICE 1127	**München Hbf 16:27**	15
14:18	RE 17645 RE 17647	Zugteilung in Eutingen im Gäu RE 17645 vorderer Zugteil **Freudenstadt Hbf 15:43** RE 17647 hinterer Zugteil **Rottweil 15:56**	2
14:20 Mo - Sa	RE 19232	**Heilbronn Hbf 15:01**	3
14:20	RE 19471	Aalen Hbf 15:20 - **Crailsheim 16:12**	13
14:23	RB 19321	Plochingen 14:40 - **Tübingen Hbf 15:21**	16
14:26	RB 17533	Backnang 14:53 - **Gaildorf West 15:27**	14
14:28	IRE 19018	Vaihingen (Enz) 14:44 - **Karlsruhe Hbf 15:25**	6
14:29	IC 189	Rottweil 15:43 - Singen (Htwl) 16:25 - **Zürich HB 17:23**	4
14:33 Sa	ICE 517	**München Hbf 16:56**	15
14:33 Sa, So	ICE 596	Mannheim Hbf 15:29 - Leipzig Hbf 19:10 - **Berlin Gesundbr. 20:41**	10
14:33 Mo - Fr	ICE 710	Vaihingen (Enz) 14:52 - Mannheim Hbf 15:31 - Wiesbaden Hbf 16:33 - **Köln Hbf 18:19**	10
14:43	RB 19320	Heilbronn Hbf 15:26 - **Osterburken 16:21**	8
14:46 Mo - Sa	RB 19421	**Aalen Hbf 15:50**	13
14:49 Mo - Sa	RE 19227	Plochingen 15:12 - **Tübingen Hbf 15:51**	3
14:51 Mo - Fr	ICE 596	Mannheim Hbf 15:29 - Leipzig Hbf 19:10 - **Berlin Gesundbr. 20:41**	10
14:52	ICE 9572	Strasbourg 16:12 - **Paris Est 18:14**	9
14:52	RE 22723	Plochingen 15:08 - Göppingen 15:19 - **Lindau Hbf 17:52**	16 B-C
14:55	RE 88621 RE 88641	Backnang 15:22 – Crailsheim 16:17 - **Nürnberg Hbf 17:20**	16 E-G
14:58	IC 2013	**ALLGÄU** Plochingen 15:12 - Göppingen 15:26 - **Oberstdorf 18:13**	15
14:59	IRE 19678	Vaihingen (Enz) 15:15 - **Karlsruhe Hbf 15:53**	8

Zeichenerklärung

Züge im Fernverkehr
ICE Intercity-Express
EC Eurocity
IC Intercity

Züge im Regional- und Nahverkehr
IRE Interregio-Express
RE Regional-Express
RB Regionalbahn

Symbole/Symbols/Symboles
Bordrestaurant
Bordbistro
Zug mit Stellplätzen im Fahrradabteil; Reservierung erforderlich

1 Ergänze die fehlenden Angaben.
Die Informationen dazu findest du in dem abgebildeten Fahrplanausschnitt.

a) Um ________ Uhr fährt ein Zug nach Paris ab.
Dieser Zug ist um ________ Uhr in Strasbourg.

b) Am Montag fahren zwei Züge nach Mannheim.
Im Zug mit der Nummer ________
kann man ein Fahrrad mitnehmen.

c) Zwischen 14:00 Uhr und 14:58 Uhr
fahren ☐ Züge auf Gleis 15 ab.

d) Nach München fahren der Zug Nummer ________
und der Zug Nummer ________.

e) Am Freitag fährt der ICE nach Berlin Gesundbrunnen
um ________ Uhr in Stuttgart ab.

Am Samstag fährt der ICE nach Berlin Gesundbrunnen
um ________ Uhr in Stuttgart ab.

An beiden Tagen kommt der Zug um ________ Uhr am Zielbahnhof an.
Am ________ hat der Zug eine längere Fahrzeit.

* MK: aus einem Fahrplan aufgabenbezogen relevante Daten entnehmen und verarbeiten

Veränderungen im Fahrplan berücksichtigen

1 Tim möchte mit seiner Mutter zwischen 14:00 Uhr und 15:00 Uhr von Stuttgart nach Plochingen fahren.

a) Schreibe auf, welche Züge sie nutzen können und wie lange die Fahrzeit jeweils ist.

Zug	Abfahrt	Gleis	Fahrzeit

b) Sie entscheiden sich für die RB 19321 und warten am Gleis 16. Die Bahnhofsuhr zeigt: 13:59 Uhr. Wie lange müssen sie noch warten?

2 Lisa möchte mit ihrem Vater ihre Tante in Mannheim besuchen. Sie hört die Durchsage:
„Achtung! Achtung! Der ICE 710, planmäßige Abfahrt 14:33 Uhr, verspätet sich um 20 Minuten."
Beantworte die Fragen, die Lisa nun durch den Kopf gehen.

a) Wann fährt der verspätete Zug ab?

b) Sollen wir lieber einen anderen Zug nehmen?

c) Meine Tante will uns in Mannheim vom Bahnhof abholen. Welche Ankunftszeit können wir ihr mitteilen?

 3 Erfinde selbst eine ähnliche Geschichte. Du kannst den Fahrplan von Seite 28 verwenden oder dir eine Situation ausdenken, die zu deinem Wohnort passt. Suche dir ein anderes Kind. Stellt euch eure Geschichten vor und beantwortet die Fragen.

4 Plant eine Zugreise von eurem nächstgelegenen Bahnhof nach Berlin Hauptbahnhof. Sucht im Internet die schnellste Zugverbindung.

Seite 29 Aufgabe 4
...

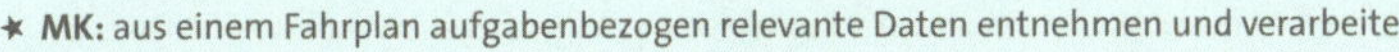
* **MK:** aus einem Fahrplan aufgabenbezogen relevante Daten entnehmen und verarbeiten
* **SF:** zu einem Fahrplan selbst eine Rechengeschichte schreiben
* **MK:** mögliche Zugverbindungen im Internet recherchieren

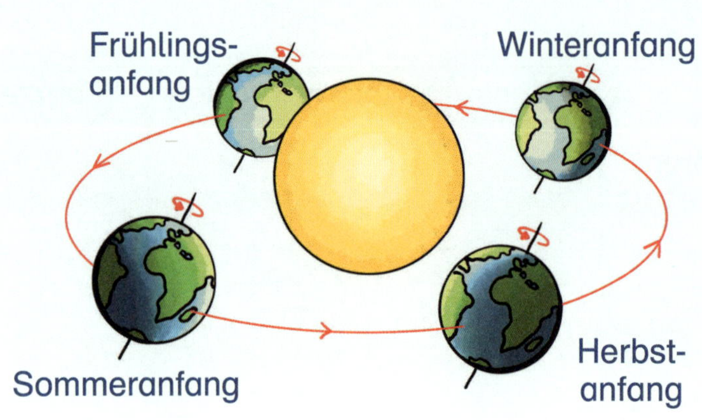

An einem **Tag** dreht sich die Erde einmal um sich selbst.
In einem **Jahr** wandert die Erde einmal um die Sonne.
Ein Jahr dauert 365 **Tage** und ist in 12 **Monate** eingeteilt.

1 Nehmt einen Ball und eine Taschenlampe. Die Taschenlampe stellt die Sonne dar, der Ball die Erde. Zeigt und beschreibt die Bewegungen der Erde.

2 Informiert euch im Internet oder in einem Lexikon, wie lange ein Jahr genau dauert. Findet heraus, warum es auch Schaltjahre gibt.

3 Betrachte einen aktuellen Kalender.

a) Schreibe alle zwölf Monate in der richtigen Reihenfolge auf. Notiere jeweils dahinter die Anzahl der Tage.

b) Schreibe die Namen der Wochentage in der richtigen Reihenfolge auf. Beginne mit dem Montag.

c) Ermittle, wie viele Wochen ein Jahr hat.

Das kannst du schon.

4 Betrachte einen aktuellen Kalender.

a) Suche den Wochentag und das Datum für folgende Tage:

Frühlingsanfang: ______________________

Sommeranfang: ______________________

Herbstanfang: ______________________

Winteranfang: ______________________

b) Notiere einen Tag im Jahr, der für dich wichtig ist. Schreibe Datum und Wochentag auf.

____

★ Erdrevolution und Erdrotation kennenlernen, Verbindung zu Tag und Jahr herstellen ★ **MK:** Dauer eines Jahres und Zweck der Schaltjahre recherchieren ★ Monate und Wochentage wiederholen ★ **MK:** Tage im Kalender finden, Datum und Wochentag notieren

2 Tageslängen bestimmen und darstellen

1 Auf den Kalenderblättern ist angegeben, wann die Sonne aufgeht (Sonnenaufgang – SA) und wann die Sonne untergeht (Sonnenuntergang – SU).

a) Am 21. Juni geht die Sonne am frühesten auf und am spätesten unter. Bestimme die Zeitdauer zwischen Sonnenauf- und Sonnenuntergang.

Dauer:

SA: ______ SU: ______

b) Am 21. Dezember geht die Sonne am spätesten auf und am frühesten unter. Bestimme die Zeitdauer zwischen Sonnenauf- und Sonnenuntergang.

Dauer:

SA: ______ SU: ______

2 Markiere Sonnenaufgang und Sonnenuntergang für die angegebenen Tage. Färbe die „Nachtzeiten" ein.

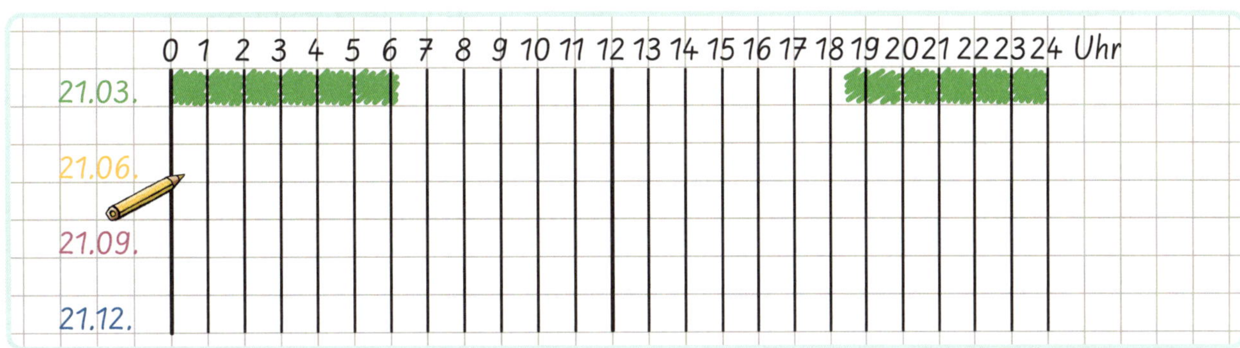

Mit Jahren, Monaten, Wochen, Tagen und Stunden rechnen (1)

1 Jahr hat 365 Tage.
Alle vier Jahre hat es 366 Tage.
1 Jahr hat etwa 52 Wochen.
1 Jahr hat 12 Monate.

1 Wandle die Zeitangaben in Monate um.

a) 1 Jahr = *12 Monate*
2 Jahre = ______
3 Jahre = ______

b) 1 Jahr 6 Monate = ______
2 Jahre 6 Monate = ______
3 Jahre 6 Monate = ______

2 Wandle die Zeitangaben in Tage um.

a) 1 Woche = *7 Tage*
2 Wochen = ______
3 Wochen = ______

b) 1 Woche 3 Tage = ______
2 Wochen 6 Tage = ______
3 Wochen 4 Tage = ______

3 Wandle die Zeitangaben in Stunden um.

a) 1 Tag = *24 Stunden*
2 Tage = ______
3 Tage = ______

b) 1 Tag 6 Stunden = ______
1 Tag 12 Stunden = ______
2 Tage 8 Stunden = ______

4 Wandle die Zeitangaben um …

a) … in Jahre.
24 Monate = *2 Jahre*
48 Monate = ______

b) … in Jahre und Monate.
13 Monate = ______
20 Monate = ______

c) … in Wochen.
21 Tage = ______
70 Tage = ______

d) … in Wochen und Tage.
10 Tage = ______
13 Tage = ______

AH 33

ÜH 29

D 25

⭑ Zeitangaben in unterschiedlichen Einheiten in andere Einheiten umwandeln

2 Mit Jahren, Monaten, Wochen, Tagen und Stunden rechnen (2)

1 Wandle die Zeitangaben um.

2 Prüfe, ob die Aussage richtig oder falsch ist. Kreuze an.

	richtig	falsch
Lisa: Meine Schwester ist drei Jahre alt. Sie ist schon mehr als 30 Monate auf der Welt.	○	○
Paul: Ich bin 10 Jahre und zwei Monate alt. Das sind mehr als 125 Monate.	○	○
Maja: Ich gehe nun schon 2 Jahre und 6 Monate zur Schule. Das sind mehr als 29 Monate.	○	○

★ Zeitangaben umwandeln
★ Aussagen mit Zeitangaben verifizieren oder falsifizieren

3 Schriftliches Addieren üben (1)

1 Sortiere die Aufgaben nach ihren Überträgen.

a) Löse zuerst die Aufgaben.

335 + 224 = 559

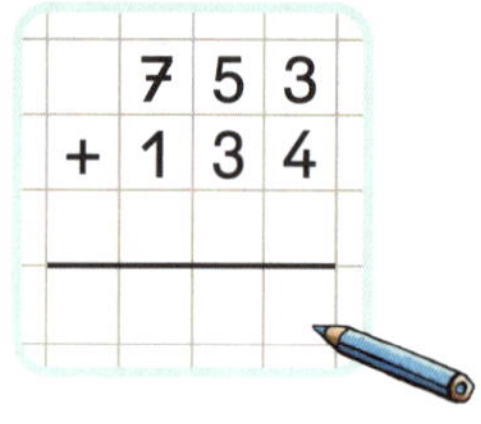

753 + 134

437 + 524

374 + 252

537 + 152

785 + 117

376 + 244

494 + 284

b) Umkreise dann die Additionsaufgaben in Aufgabe 1 a).

- Aufgaben ohne Übertrag
- Aufgaben mit einem Übertrag
- Aufgaben mit zwei Überträgen

2 Löse die Aufgaben. Denke an die Übertragszahlen.

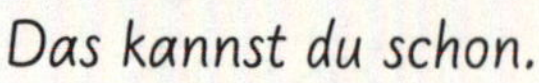

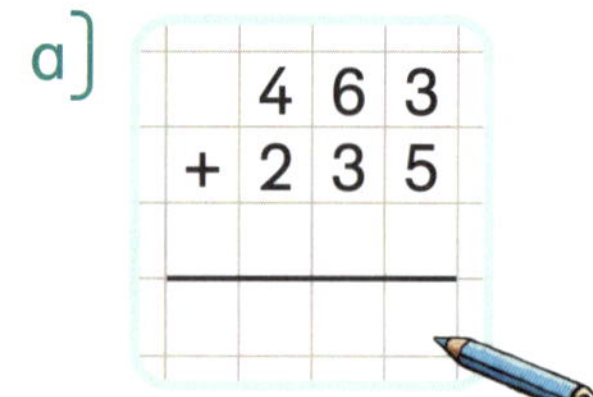

a) 463 + 235

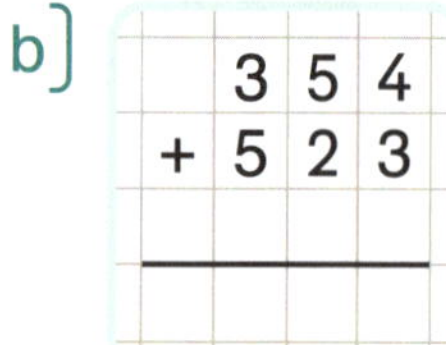

b) 354 + 523

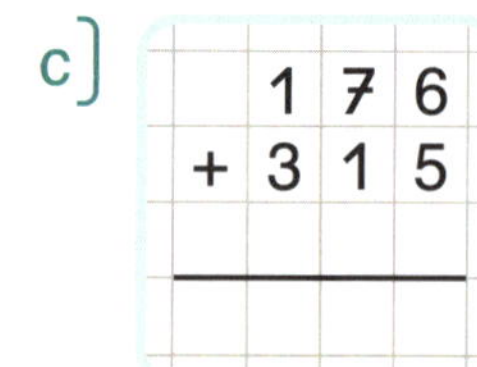

c) 176 + 315

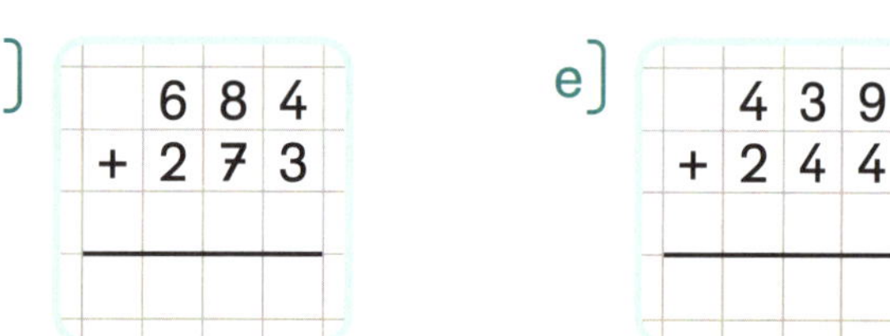

d) 684 + 273

e) 439 + 244

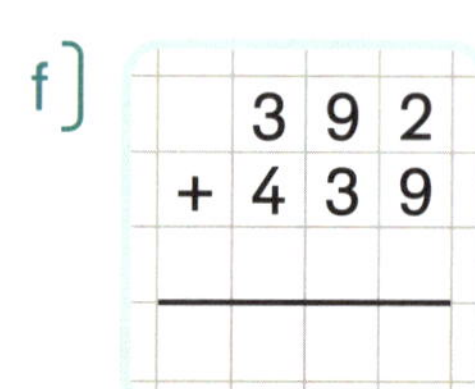

f) 392 + 439

3 Addiere immer zwei oder drei Zahlen.
Denke an die Übertragszahlen.

418 | 190 | 25 | 262

418 + 190 = 608 (Übertrag 1)

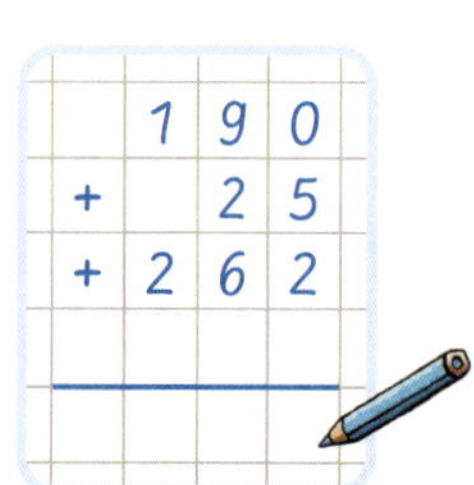

190 + 25 + 262

* schriftliches Addieren üben
* Additionsaufgaben nach Anzahl ihrer Überträge sortieren
* Aufgaben mit zwei oder drei Summanden zusammenstellen und lösen

1 Löse die Aufgaben und sprich dazu wie Einstern.

a)

	H	Z	E
	3	7	6
+	2	8	8
+	1	3	7
		2	2
	8	0	1

b)

	H	Z	E
	2	8	7
+	1	0	9
+	2	6	5

c)

	H	Z	E
	5	7	8
+	2	2	9
+	1	7	8

d)

	H	Z	E
	1	7	8
+		4	9
+	5	2	6

e)

	H	Z	E
		5	8
+	3	1	9
+	1	7	4

f)

	H	Z	E
	4	8	4
+		9	5
+	1	6	8

2 Schreibe die Zahlen richtig untereinander und addiere.
Kontrolliere selbst.

a) 478 + 315 + 48

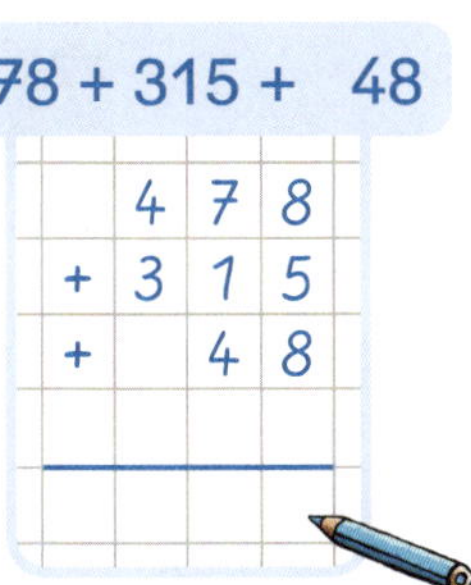

b) 58 + 167 + 482

c) 395 + 187 + 78

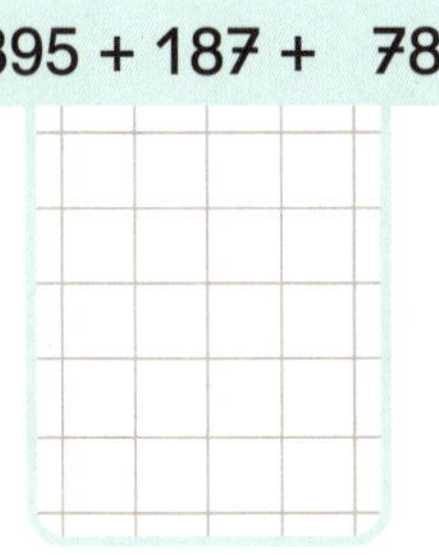

d) 645 + 175 + 126

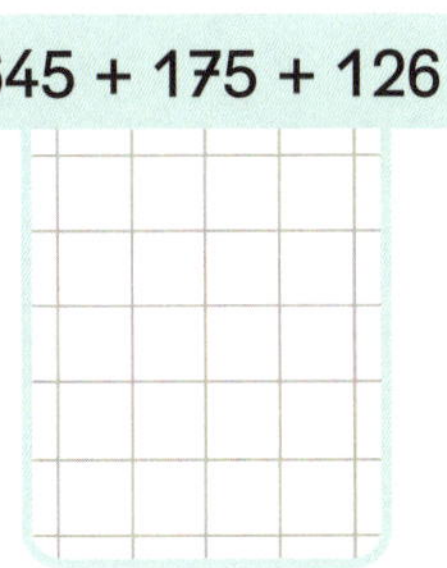

660

707

841

946

★ drei Summanden schriftlich addieren, mit verschiedenen Übertragszahlen umgehen

1 Löse die Aufgaben. Denke an die Übertragszahlen. Kontrolliere selbst.

a)

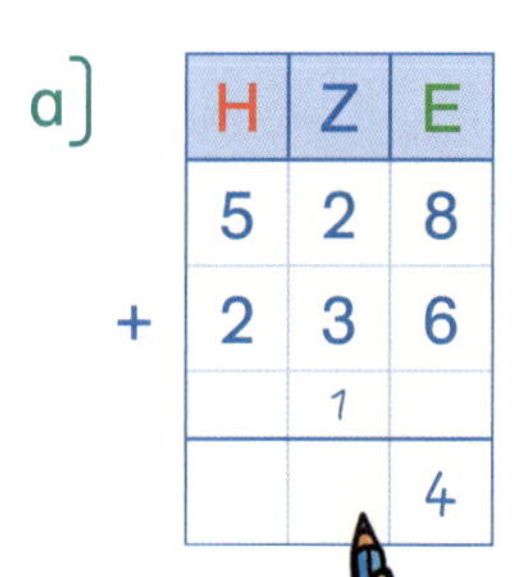

	H	Z	E
	5	2	8
+	2	3	6
		1	
			4

b)

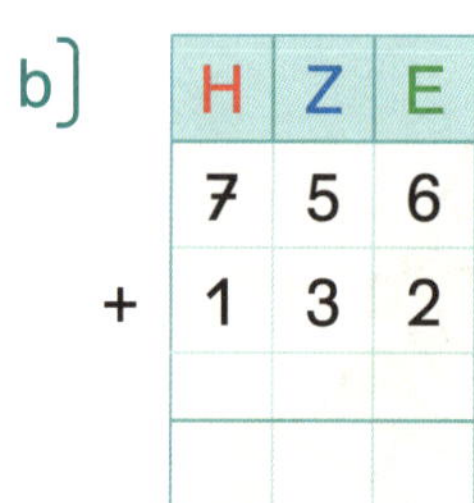

	H	Z	E
	7	5	6
+	1	3	2

c)

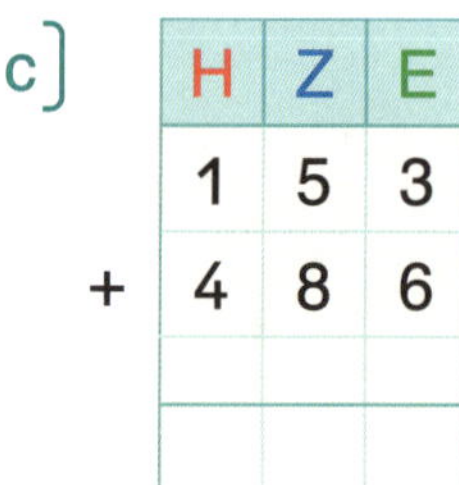

	H	Z	E
	1	5	3
+	4	8	6

d)

	H	Z	E
	4	7	6
+		4	5

e)

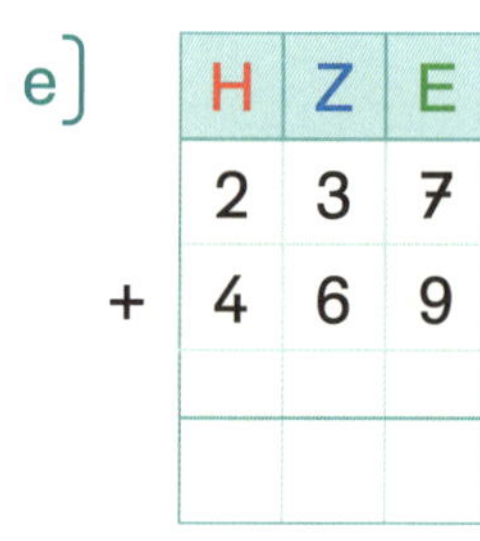

	H	Z	E
	2	3	7
+	4	6	9

2 Löse die Aufgaben. Denke an die Übertragszahlen. Kontrolliere selbst.

a)

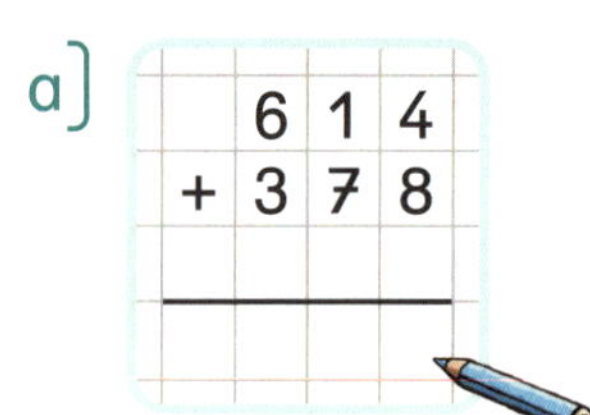

	6	1	4
+	3	7	8

b)

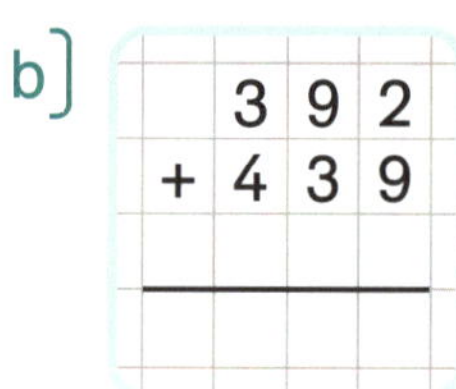

	3	9	2
+	4	3	9

c)

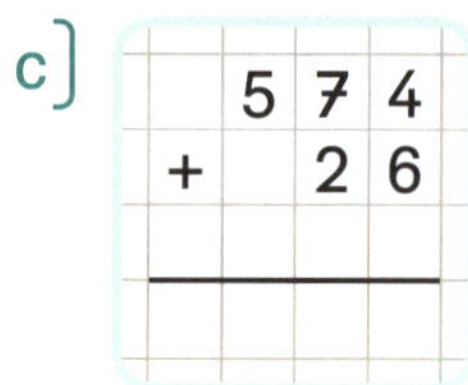

	5	7	4
+		2	6

3 Löse die Aufgaben. Denke an die Übertragszahlen. Kontrolliere selbst.

a)

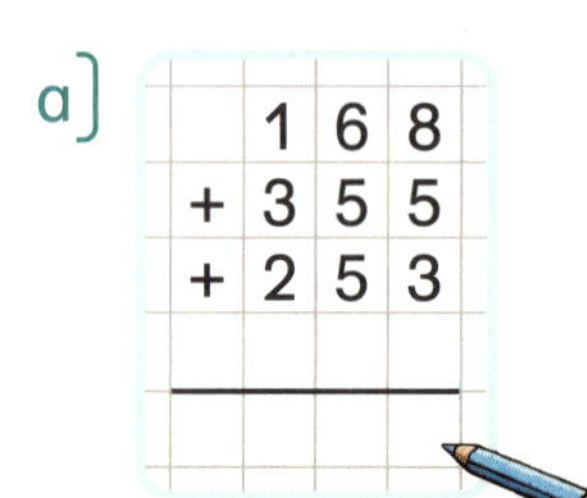

	1	6	8
+	3	5	5
+	2	5	3

b)

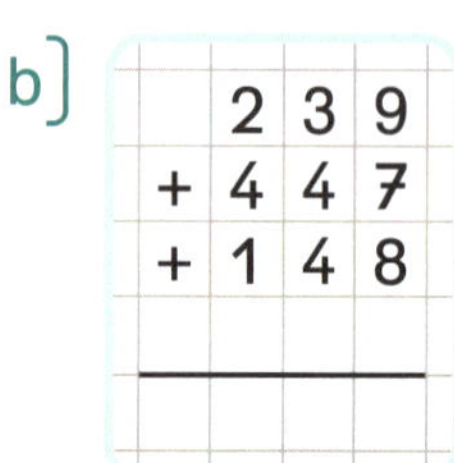

	2	3	9
+	4	4	7
+	1	4	8

c)

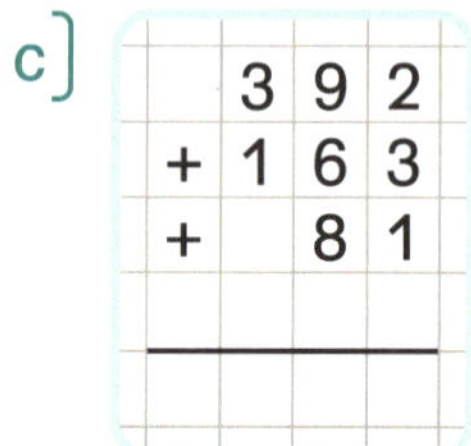

	3	9	2
+	1	6	3
+		8	1

4 Schreibe die Zahlen richtig untereinander. Löse die Aufgaben.
Denke an die Übertragszahlen. Kontrolliere selbst.

a)

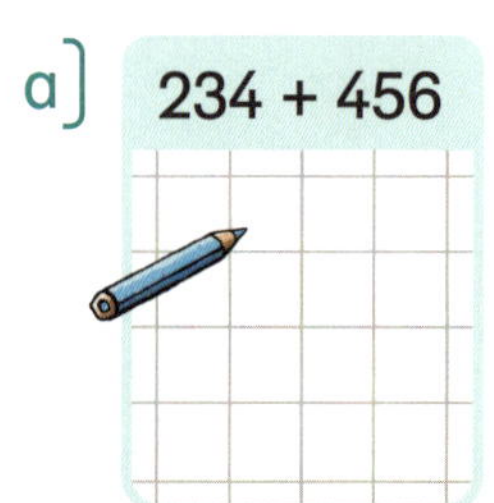

b)

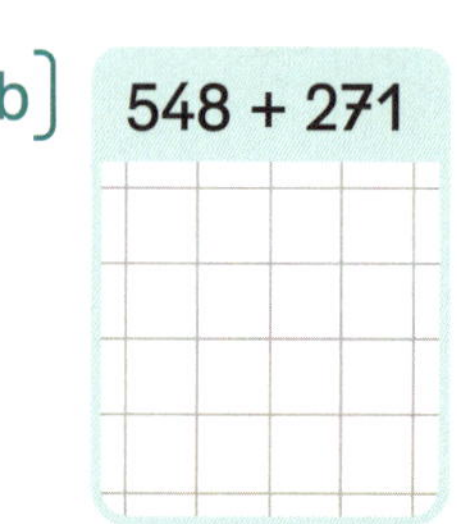

c)

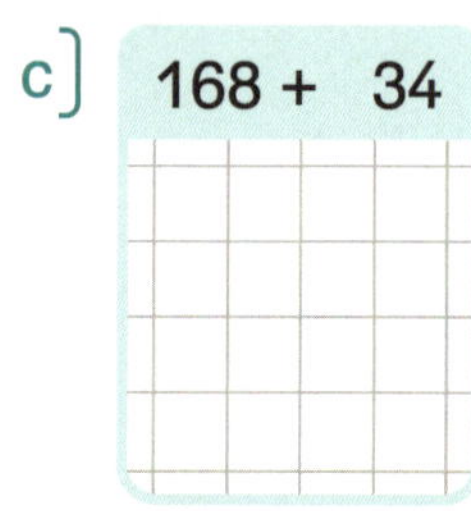

* schriftliches Addieren mit zwei oder drei Summanden üben und Summen kontrollieren
* Additionsaufgaben mit zwei Summanden stellengerecht notieren und lösen

Fehlende Ziffern einsetzen

1 Setze die fehlenden Ziffern ein.

a)

	4	5	6
+	2	6	
	1		
			8

b)

	2	4	
+		8	5
	1		
	6		7

c)

		4	8
+	2		6
	1	1	
	6	4	

d)

		0	1
+	2		
	1	1	
	8	0	0

2 Setze die fehlenden Ziffern ein.

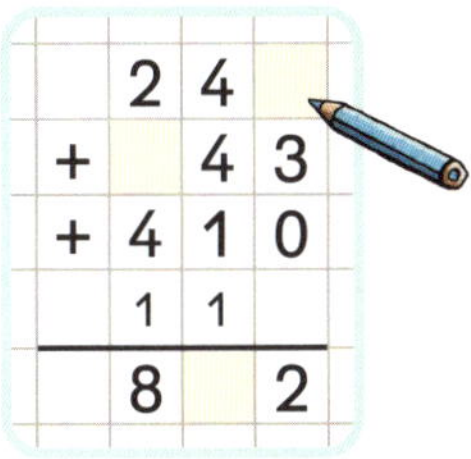

a)

	2	4	
+		4	3
+	4	1	0
	1	1	
	8		2

b)

	2	1	0
+	4	0	9
+		8	
	1	1	
	8		4

c)

		3	7
+	4	5	
+	2		8
	1	2	
	9	9	3

d)

	3	8	
+	2		4
+	2	5	3
	2	1	
		1	6

3 Ergänze die fehlenden Ziffern.
Finde je zwei Möglichkeiten.

a)

		3	
+	1		
		1	
	4	8	0

		3	
+	1		
		1	
	4	8	0

b)

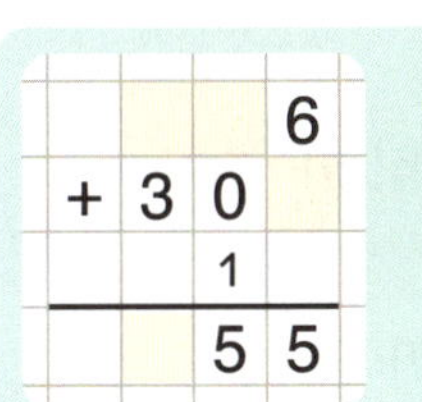

			6
+	3	0	
		1	
		5	5

			6
+	3	0	
		1	
		5	5

4 Bestimme, für welche Ziffern die Buchstaben stehen.

a)

	2	9	A
+	5	A	6
	1	1	
	8	A	0

A: ☐

b)

	4	7	B
+	1	B	3
	1		
	B	3	9

B: ☐

c)

	3	C	4
+	3	6	C
	1	1	
	C	4	1

C: ☐

d)

	2	3	D
+	6	D	5
	1	1	
	D	3	4

D: ☐

* fehlende Ziffern in Additionsaufgaben bestimmen
* für Platzhalter passende Ziffern finden

Mit Ziffernkärtchen Aufgaben zusammenstellen

1 Bilde aus diesen Ziffernkärtchen alle sechs möglichen dreistelligen Zahlen.

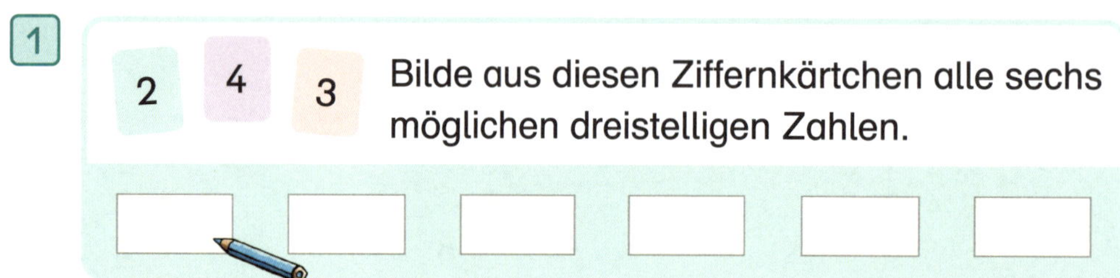

2 Stelle aus den Zahlen von Aufgabe 1 verschiedene Additionsaufgaben zusammen.

a) Notiere und löse vier Aufgaben.

b) Suche dir ein anderes Kind. Vergleicht eure Aufschriebe.

c) Wähle zwei der Zahlen aus und bilde die Additionsaufgabe mit der kleinsten Summe.

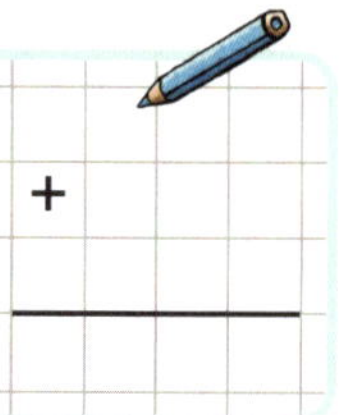

d) Wähle zwei der Zahlen aus und bilde die Additionsaufgabe mit der größten Summe.

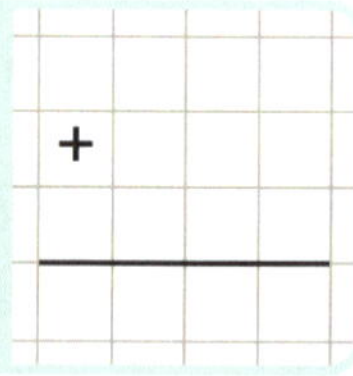

3 Bilde aus diesen Ziffernkärtchen alle sechs möglichen dreistelligen Zahlen. Notiere sie in dein Heft.

Seite 38 Aufgabe 3
...

4 Bilde aus den Zahlen von Aufgabe 3 verschiedene Additionsaufgaben mit zwei Zahlen. Schreibe sie in dein Heft und löse sie.

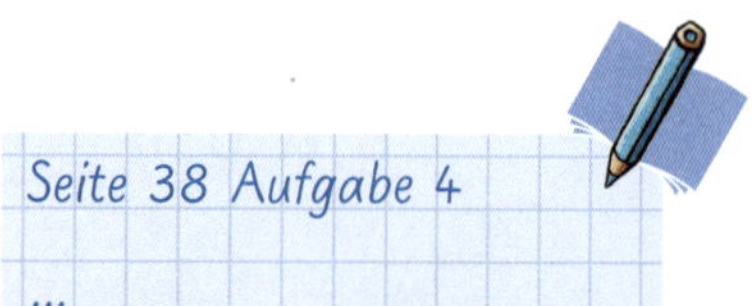

* **MK:** aus Ziffernkärtchen nach Vorgaben Zahlen und Additionsaufgaben zusammenstellen, dabei Strukturen erkennen und nutzen

1 Verwende Ziffernkarten mit den Ziffern von 1 bis 9.

Jede Ziffernkarte gibt es pro Additionsaufgabe nur einmal.
Lege zuerst die Aufgaben.
Schreibe sie dann in dein Heft und bestimme das Ergebnis.

Seite 39 Aufgabe 1
a) ...

a) Bilde vier Additionsaufgaben mit zwei dreistelligen Zahlen.

b) Bilde eine Additionsaufgabe mit zwei dreistelligen Zahlen, die eine möglichst kleine Summe hat.

c) Bilde eine Additionsaufgabe mit zwei dreistelligen Zahlen. Vertausche dann zwei Kärtchen so, dass sich die Summe nicht verändert.

d) Bilde eine Aufgabe mit dem Ergebnis 1 000.

e) Besprich deine Ergebnisse mit einem anderen Kind.

2 Würfelspiel: Suche dir ein anderes Kind.
Würfelt abwechselnd mit drei Würfeln.
Bildet damit dreistellige Zahlen.
Schreibt je zwei Zahlen untereinander
und addiert sie.
Gewonnen hat, wer am nächsten an 600 kommt.
Mehr als 600 dürft ihr nicht erhalten.

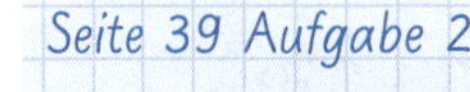

3 Löse die Additionsaufgaben. Finde die Regel.
Bilde ähnliche Aufgaben.

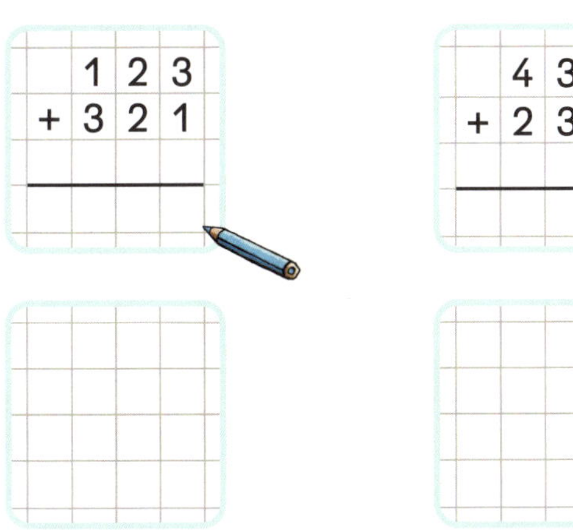

4 3 2
+ 2 3 4

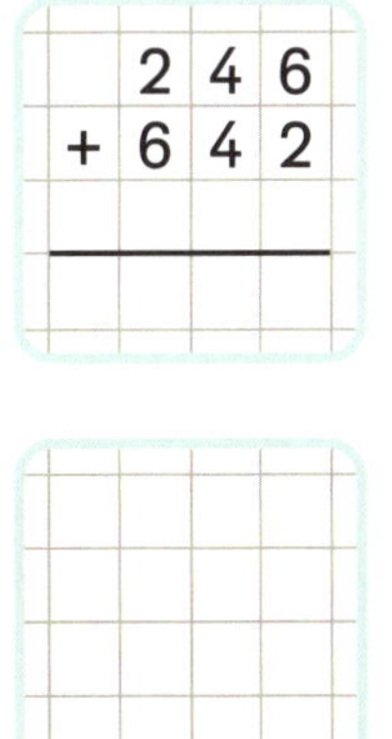

Verschiedene Rechenwege erproben

1 Untersucht die Rechenwege der Kinder.
Beschreibt, warum die unterschiedlichen Rechenwege jeweils zur Aufgabe passen.

2 Überlege, welchen Rechenweg du wählen würdest. Kreise ein oder ergänze.
Vergleiche mit einem anderen Kind. Begründe deine Wahl.

a) 243 + 320

243 + 320 ...
243 + 300 ...

243
+ 320
...

Im Kopf:
243 + 300 + 20

b) 455 + 213

455 + 213 ...
455 + 200 ...

455
+ 213
...

Im Kopf:
455 + 200 + 10 + 3

c) 399 + 378

399
+ 378
...

Im Kopf:
400 + 378 − 1

Im Kopf:
400 + 377

* SF: verschiedene Rechenwege und ihre Notation aufgabenbezogen nachvollziehen und beschreiben
* eigenen Rechenweg identifizieren bzw. notieren

3 Erkläre einem anderen Kind, wie die Kinder rechnen.

Bei der Aufgabe 374 + 226 rechne ich 380 + 220. Ich kann auch 400 + 200 rechnen.

Maja

4 Überlege, welche Aufgaben du im Kopf und welche du schriftlich rechnest.
Markiere: im Kopf, schriftlich.
Begründe und vergleiche mit einem anderen Kind.

198 + 204 = ▢ 240 + 430 = ▢ 375 + 385 = ▢ 199 + 423 = ▢

5 Löse die Aufgaben. Wenn du die Aufgabe im Kopf löst, schreibe nur das Ergebnis in dein Heft. Löse die anderen Aufgaben schriftlich.

a) 295 + 305 = ▢
375 + 482 = ▢
276 + 358 = ▢

b) 341 + 209 = ▢
575 + 125 = ▢
258 + 473 = ▢

Seite 41 Aufgabe 5
a) ...

6 Löse die Zahlenrätsel.

a) Rechne im Kopf. Schreibe das Ergebnis auf.

Meine Zahl ist die Summe aus 290 und 410.

Meine Zahl ist um 350 größer als 400.

b) Rechne schriftlich.

Meine Zahl erhältst du, wenn du 378 und 524 addierst.

Meine Zahl erhältst du, wenn du die Summe aus 276 und 348 bildest.

* **SF:** verschiedene Rechenwege nachvollziehen und beschreiben
* im Kopf oder schriftlich addieren, geeigneten Weg wählen und die Wahl begründen
* Zahlenrätsel lösen

3 Zahlen runden und Überschlagsrechnung finden

Mit Zehnerzahlen und Hunderterzahlen kann ich schnell rechnen. Das hilft mir, wenn ich ein Ergebnis ungefähr ausrechnen oder überprüfen will.

316 + 273 = 589
Ü: 320 + 270 = 590
oder Ü: 300 + 300 = 600

Für die **Überschlagsrechnung** kann man die Zahlen auf Zehner oder Hunderter runden. Dafür sucht man den nächstliegenden Nachbarzehner oder Nachbarhunderter.

Bei 5 Einern nimmt man den größeren Nachbarzehner. 345 ≈ 350

Bei 5 Zehnern nimmt man den größeren Nachbarhunderter. 452 ≈ 500

≈ bedeutet: ist ungefähr

1 Runde die Zahlen auf Zehner.

a) 462 ≈ 460
467 ≈ ___

b) 735 ≈ ___
733 ≈ ___

c) 591 ≈ ___
598 ≈ ___

2 Runde die Zahlen auf Hunderter.

a) 282 ≈ 300
232 ≈ ___

b) 856 ≈ ___
806 ≈ ___

c) 345 ≈ ___
395 ≈ ___

3 Runde die Zahlen auf Zehner.
Schreibe die Überschlagsrechnung auf.

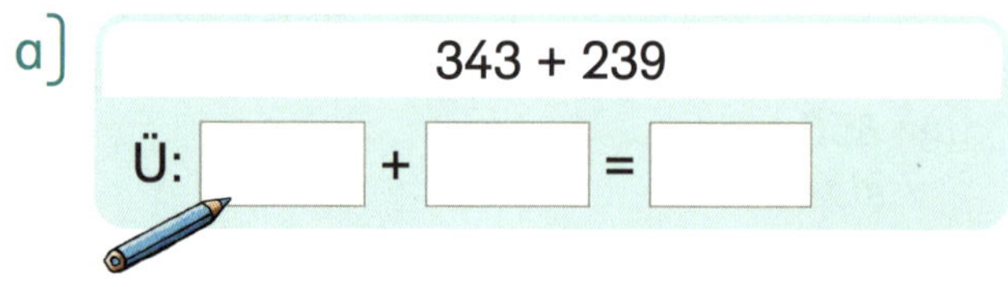

a) 343 + 239
Ü: ___ + ___ = ___

b) 428 + 395
Ü: ___ + ___ = ___

4 Hier sind mehrere Überschläge möglich.
Vergleicht sie und wählt einen passenden aus.
Begründet eure Entscheidung.

315 + 469 | Ü: 320 + 470 | Ü: 300 + 500 | Ü: 300 + 470

* Zahlen auf Zehner oder Hunderter runden
* gerundete Zahlen bei der Überschlagsrechnung nutzen

Überschlagsrechnung anwenden

1 Finde zu jeder Aufgabe zwei passende Überschlagsrechnungen. Verbinde.

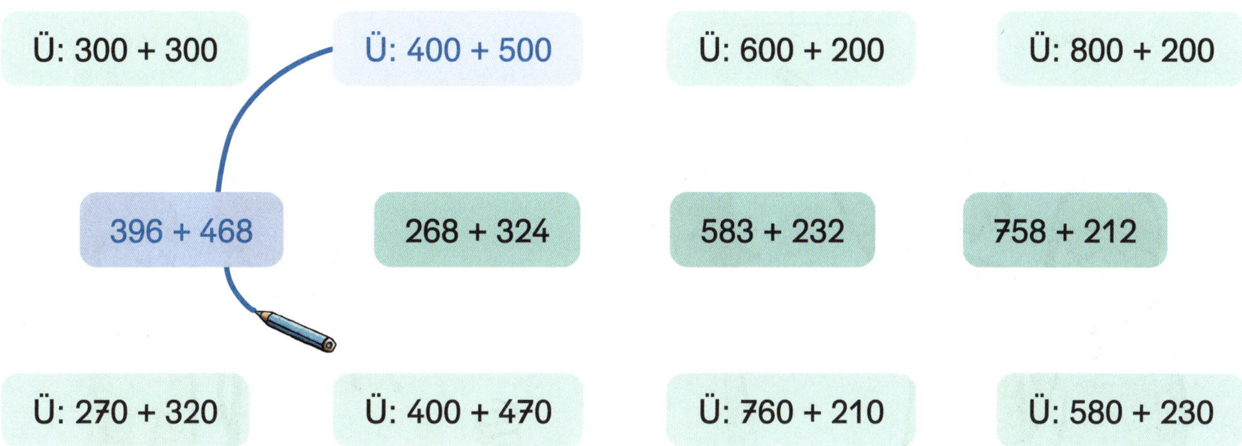

Ü: 300 + 300 | Ü: 400 + 500 | Ü: 600 + 200 | Ü: 800 + 200

396 + 468 | 268 + 324 | 583 + 232 | 758 + 212

Ü: 270 + 320 | Ü: 400 + 470 | Ü: 760 + 210 | Ü: 580 + 230

2 Überprüfe mit einer Überschlagsrechnung, ob die Ergebnisse stimmen können.

a) 425 + 273 = 698

Ü: 430 + 270 = 700

☒ 698 kann stimmen

○ 698 kann nicht stimmen

b) 607 + 298 = 805

Ü: ___ + ___ = ___

○ 805 kann stimmen

○ 805 kann nicht stimmen

c) 457 + 236 = 693

Ü: ___ + ___ = ___

○ 693 kann stimmen

○ 693 kann nicht stimmen

d) 345 + 481 = 866

Ü: ___ + ___ = ___

○ 866 kann stimmen

○ 866 kann nicht stimmen

e) 256 + 489 = 645

Ü: ___ + ___ = ___

○ 645 kann stimmen

○ 645 kann nicht stimmen

f) 533 + 195 = 728

Ü: ___ + ___ = ___

○ 728 kann stimmen

○ 728 kann nicht stimmen

3 Überschlage.
Löse nur die Aufgaben, deren Summe größer als 800 ist.

a) 398 + 474 b) 298 + 228

c) 653 + 259 d) 173 + 521

Seite 43 Aufgabe 3

a) ...

★ Überschlagsrechnungen Aufgaben passend zuordnen
★ Ergebnisse mithilfe der Überschlagsrechnung überprüfen
★ mithilfe der Überschlagsrechnung zum Ergebnis passende Aufgaben auswählen

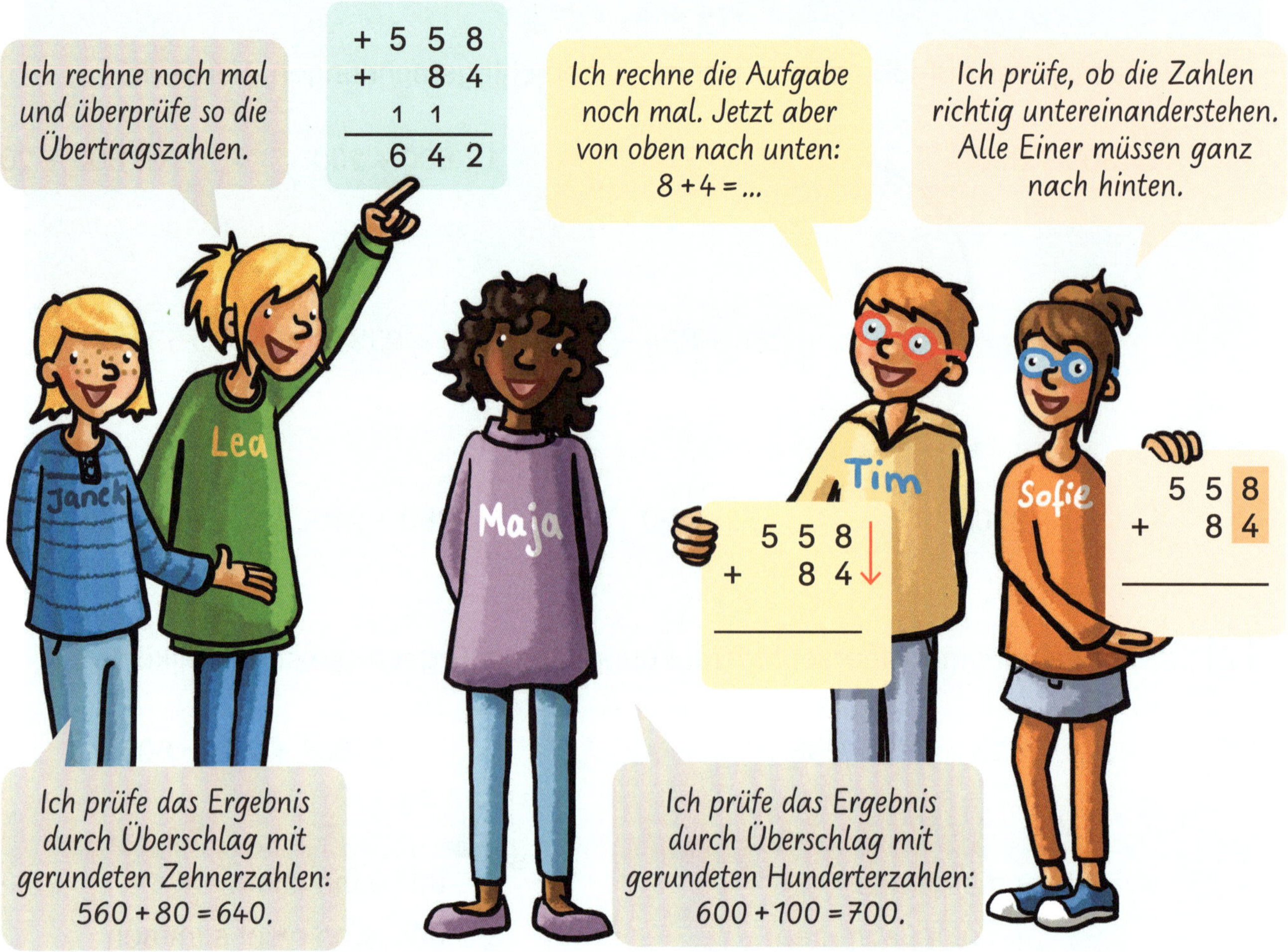

Ich rechne noch mal und überprüfe so die Übertragszahlen.

+	5	5	8
+		8	4
	1	1	
	6	4	2

Ich rechne die Aufgabe noch mal. Jetzt aber von oben nach unten: 8 + 4 = ...

Ich prüfe, ob die Zahlen richtig untereinanderstehen. Alle Einer müssen ganz nach hinten.

Janek, Lea, Maja, Tim, Sofie

	5	5	8
+		8	4

	5	5	8
+		8	4

Ich prüfe das Ergebnis durch Überschlag mit gerundeten Zehnerzahlen: 560 + 80 = 640.

Ich prüfe das Ergebnis durch Überschlag mit gerundeten Hunderterzahlen: 600 + 100 = 700.

1 Löse die Aufgaben.

a)

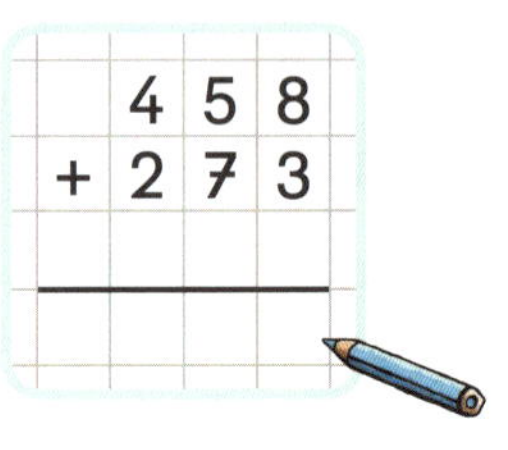

	4	5	8
+	2	7	3

b)

		9	7
+	3	6	2

c)

	5	3	5
+		4	4

d)

	2	8	6
+	3	0	8
+	1	5	7

e)

	3	3	8
+		7	5
+	1	9	9

f)

	4	5	7
+		9	3
+			5

2 Überprüft die Ergebnisse von Aufgabe 1 auf eine Art. Seht euch dazu die Methoden an, die die Kinder vorstellen.

Rechnet neu, wenn das Ergebnis nicht stimmen kann.

★ Überprüfungsmöglichkeiten kennenlernen, auswählen und anwenden

Fehler und ihre Ursachen finden

1 Überprüfe die Rechnungen.
Schreibe zu jeder Aufgabe auf,
ob das Ergebnis richtig (✓) oder falsch (*f*) ist.
Schreibe bei falsch gelösten Aufgaben
die richtige Rechnung darunter auf.

a)

	6	3	8	
+	2	9	4	
	8	2	2	*f*

b)

	2	4	5	
+	6	7	8	
	1	1		
	9	2	3	

c)

	2	4	7	
+	2	5	9	
	1	1		
	5	0	6	

d)

	3	2	1	
+	2	8	3	
	1			
	5	0	4	

e)

	2	9	8	
+	5	7		
	1			
	8	6	8	

2 Gebt jeweils an, welcher Fehler gemacht wurde.
Verbindet passend.

	5	4	6
+	2	1	7
	7	5	3

	4	2	5
+	5	4	
	9	6	5

	2	3	7
+	5	3	6
		1	
	7	5	3

Übertrag vergessen

Fehler beim Addieren

Zahlen falsch untereinander geschrieben

⋆ Fehler finden und korrigieren
⋆ Fehlerquellen analysieren

3 Gästezahlen im Freibad auswerten und darstellen

1

Gäste im Freibad	Mo.	Di.	Mi.	Do.	Fr.	Sa.	So.
Erwachsene	87	53	38	67	107	215	268
Kinder bis 6 Jahre	54	14	5	21	84	95	119
Kinder über 6 Jahre	134	65	27	112	268	307	324
	11						
insgesamt	275						

a) Berechne die Gesamtzahl der Gäste an den einzelnen Wochentagen.
Rechne schriftlich in der Tabelle.

b) Ergänze die Aussagen.
Entnimm die notwendigen Informationen aus der Tabelle.
Addiere, wenn nötig, schriftlich in deinem Heft.

Das Freibad hatte am Montag insgesamt ____ Gäste.

Am Sonntag waren es ____ Personen.

Am Wochenende waren ____ Erwachsene im Freibad.

Die Personengruppe ____________ besuchte das Freibad während der Woche besonders oft.

c) Notiere zwei eigene Aussagen zu der Tabelle.

____

____

____

* Gästezahlen im Freibad berechnen
* **MK:** Informationen aus einer Tabelle aufgabenbezogen entnehmen und auswerten
* **SF:** eigene Aussagen zur Tabelle formulieren

2 Die Gesamt-Gästezahlen des Freibades aus Aufgabe 1 wurden auf volle Hunderter gerundet.

	Mo.	Di.	Mi.	Do.	Fr.	Sa.	So.
Gesamt-Gästezahl, gerundet	300	100	100	200	500	600	700

Die gerundeten Gästezahlen kann man leichter in einem Balkendiagramm oder einem Säulendiagramm darstellen.

a) Wähle eine Darstellung aus und vervollständige sie.

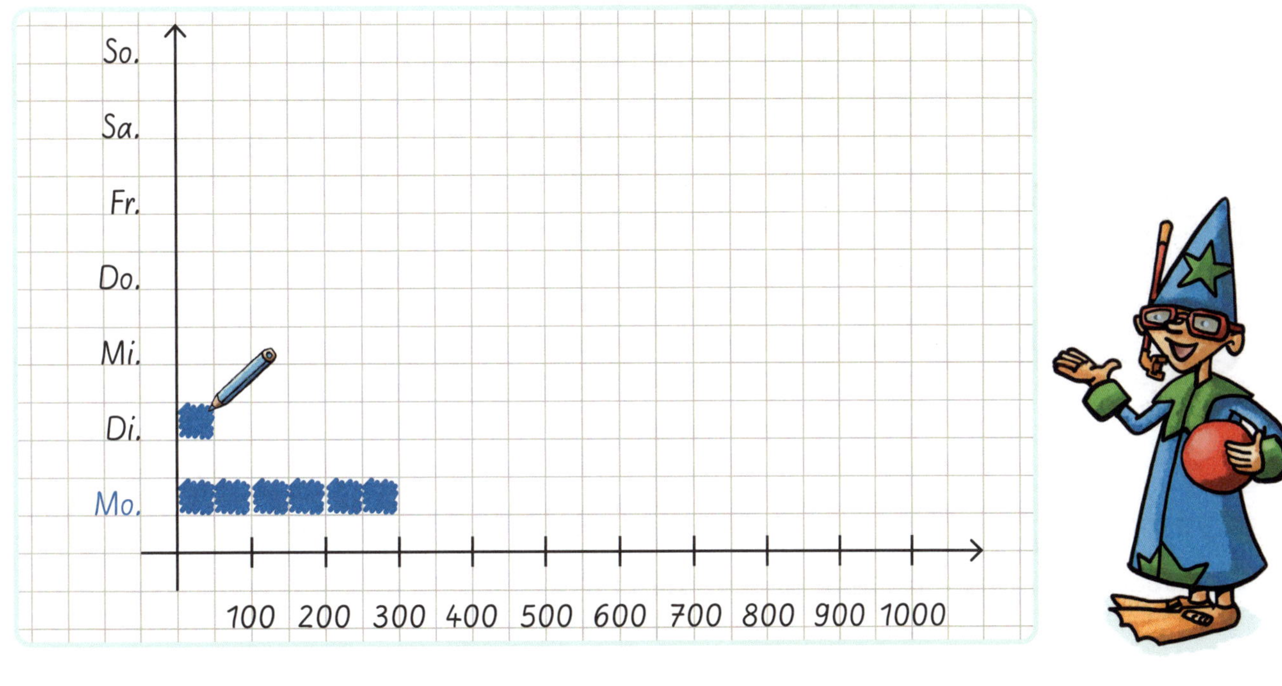

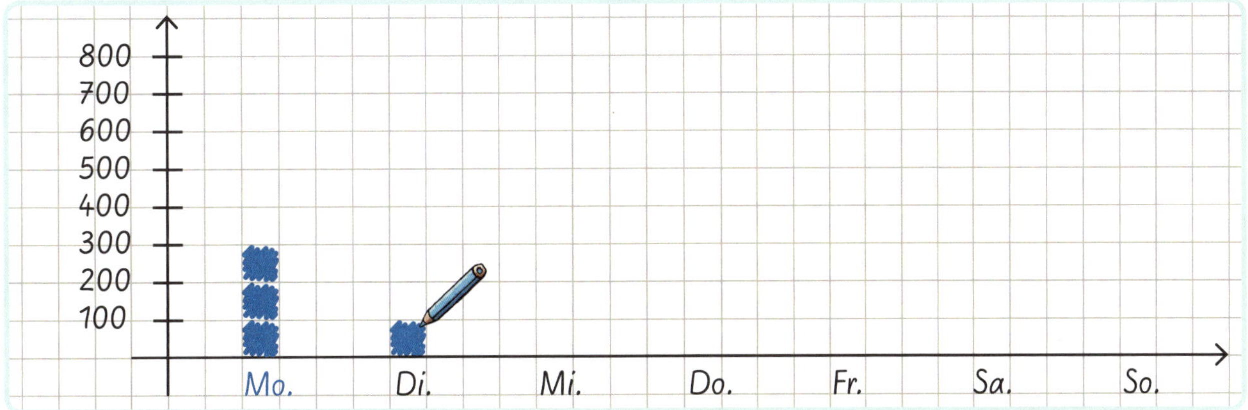

b) Lies am Balken- oder am Säulendiagramm ab und ergänze die Aussagen.

Am ______________________ waren am meisten Gäste im Freibad.

Am ______________________ waren am wenigsten Gäste im Freibad.

★ gerundete Gästezahlen in einem Balkendiagramm oder einem Säulendiagramm darstellen
★ MK: Gästezahlen mithilfe eines Balken- oder Säulendiagramms auswerten

D 29

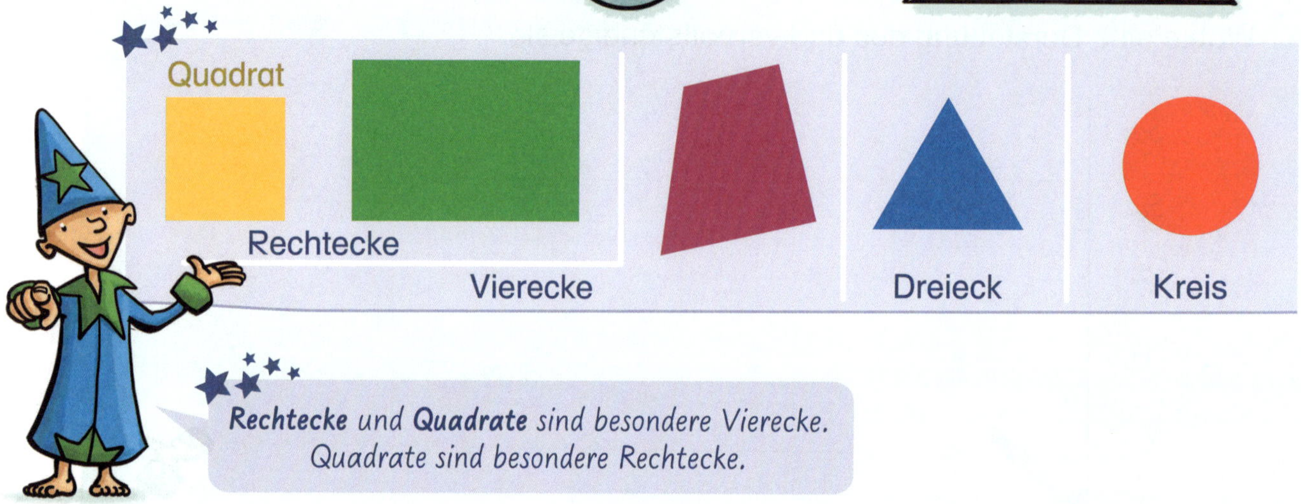

Quadrat

Rechtecke

Vierecke

Dreieck

Kreis

Rechtecke und Quadrate sind besondere Vierecke.
Quadrate sind besondere Rechtecke.

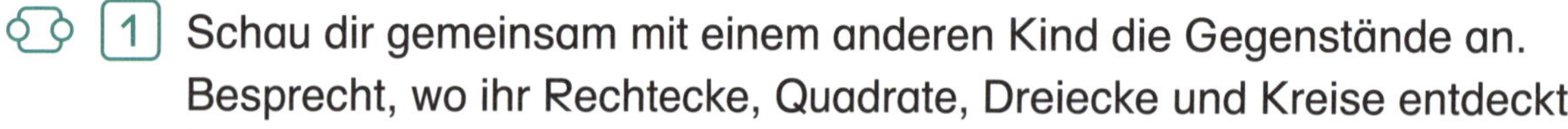

1 Schau dir gemeinsam mit einem anderen Kind die Gegenstände an.
Besprecht, wo ihr Rechtecke, Quadrate, Dreiecke und Kreise entdeckt.

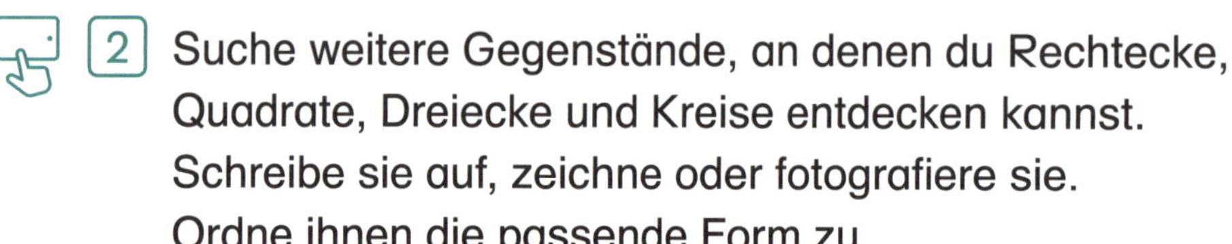

2 Suche weitere Gegenstände, an denen du Rechtecke, Quadrate, Dreiecke und Kreise entdecken kannst.
Schreibe sie auf, zeichne oder fotografiere sie.
Ordne ihnen die passende Form zu.

Seite 48 Aufgabe 2
CD – Kreis
⋮

3 Ordne den Formen die Merkmale zu. Verbinde.

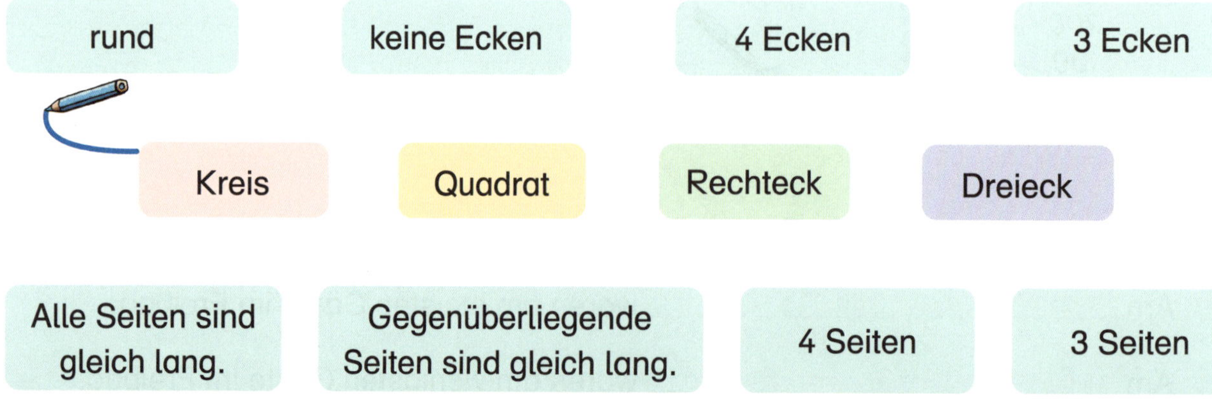

rund | keine Ecken | 4 Ecken | 3 Ecken

Kreis | Quadrat | Rechteck | Dreieck

Alle Seiten sind gleich lang. | Gegenüberliegende Seiten sind gleich lang. | 4 Seiten | 3 Seiten

ÜH 33

* **SF:** an Alltagsgegenständen geometrische Grundformen erkennen und diese benennen
* geometrischen Grundformen passende Merkmale zuordnen

1 Betrachte die Kinder. Zeichne dann selbst auf ein großes Blatt Papier beliebig große Quadrate, Rechtecke, Dreiecke und Kreise.
Du kannst freihand zeichnen, ein Lineal oder Schablonen benutzen oder passende Gegenstände umfahren.

2 Zeichne mit dem Lineal folgende Figuren in dein Heft.

Seite 49 Aufgabe 2
a) ...

a) ein Quadrat mit der Seitenlänge 4 cm

b) ein Rechteck, das 5 cm lang und 3 cm breit ist

c) ein Dreieck, bei dem eine Seite 4 cm lang ist

3 Übertrage die angefangenen Figuren in dein Heft. Ergänze dann …

a) … zu einem Quadrat.

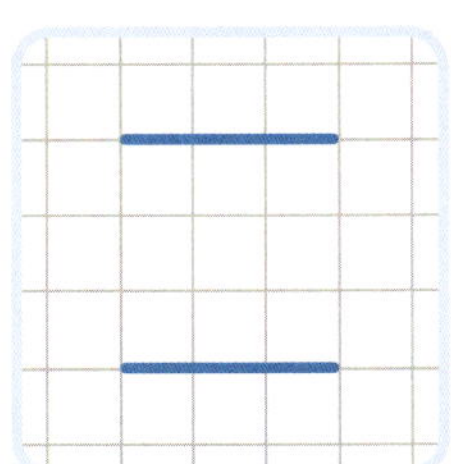

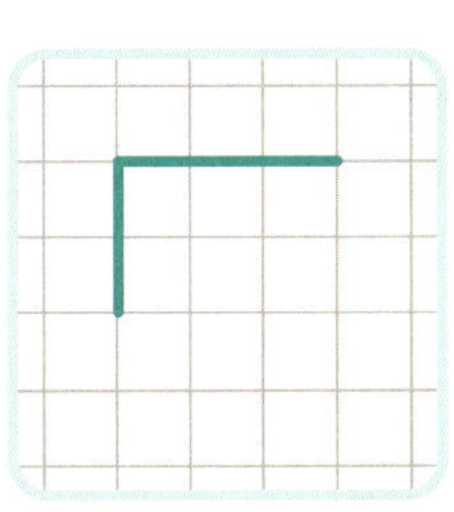

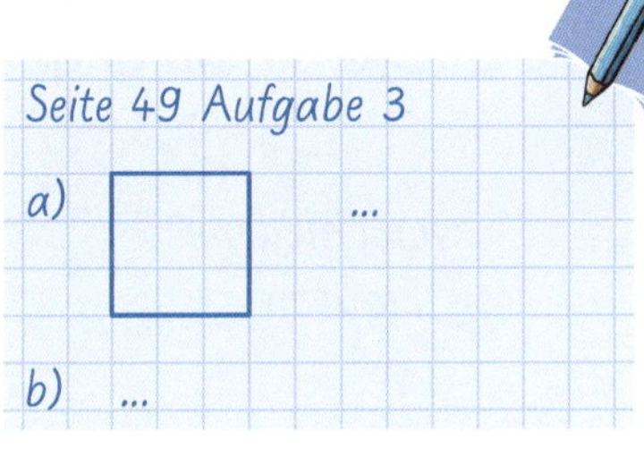

b) … zu einem Rechteck.

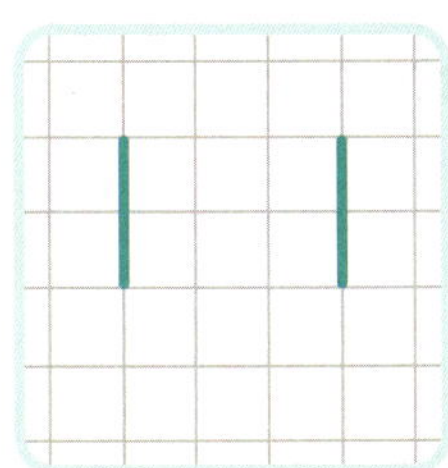

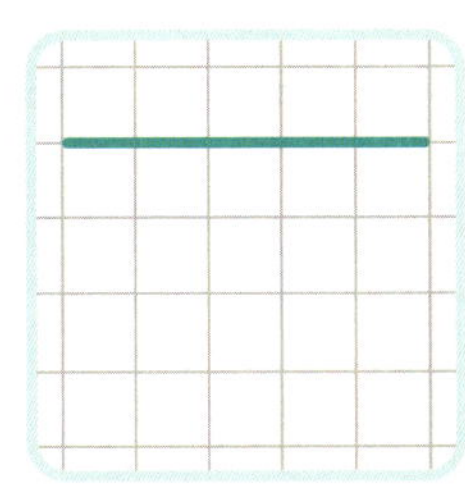

1 Betrachtet die Ornamente.
Überlegt, ob und wo ihr solche Muster schon einmal gesehen habt.

2 Auch mit Flächenformen kann man Ornamente gestalten:

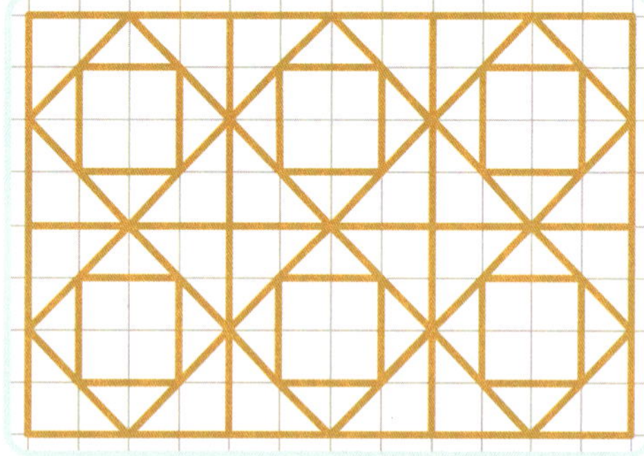

Suche dir ein anderes Kind. Beschreibe das Ornament.

verschiedene Figuren ... | gleiche Figuren ... | regelmäßige Muster ... | ... wiederholen sich | ...

3 Übertrage das Ornament aus Aufgabe 2 aus in dein Heft.
Setze es nach rechts und nach unten fort.

Seite 50 Aufgabe 3
...

4 Besprich mit einem anderen Kind, warum die Figur kein Bandornament ist.

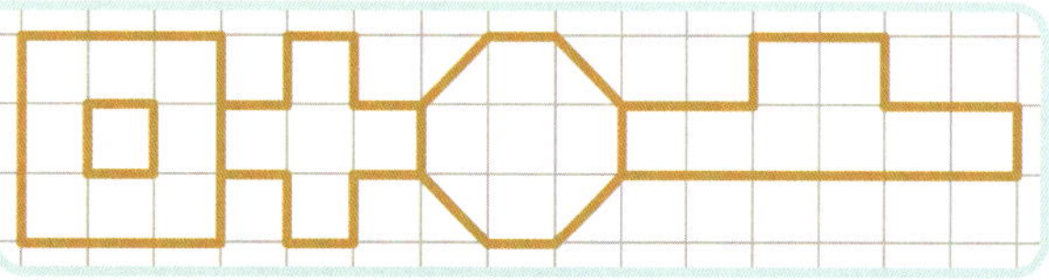

★ **SF:** Merkmale von Ornamenten entdecken und beschreiben
★ ein vorgegebenes Ornament übertragen und fortsetzen
★ **SF:** ein Muster in Abgrenzung zu einem Bandornament beschreiben

1 Wähle zwei Parkette aus und setze sie nach allen Seiten fort.
Du kannst die fertigen Parkette auch anmalen.

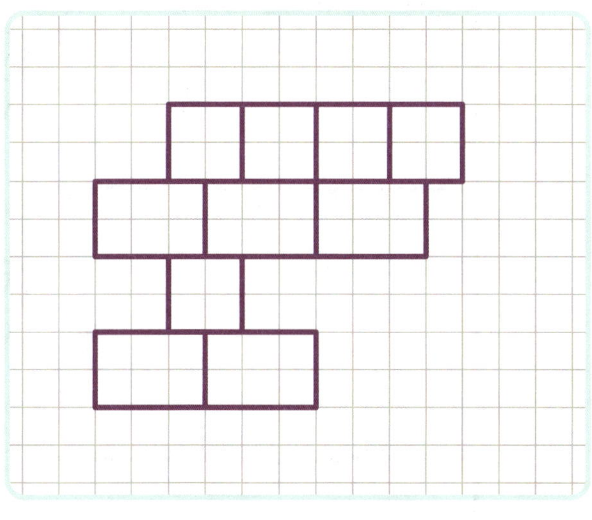

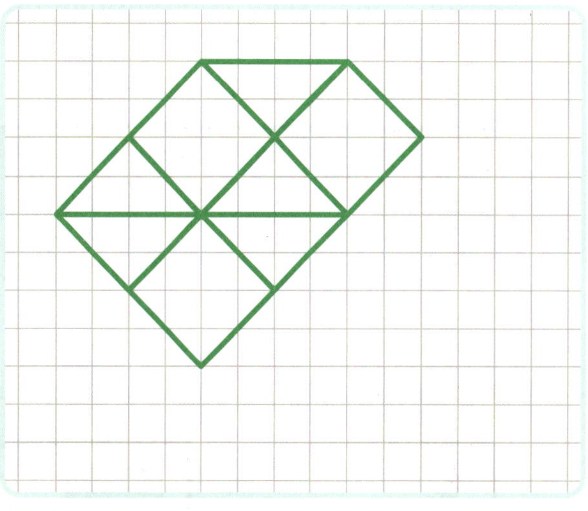

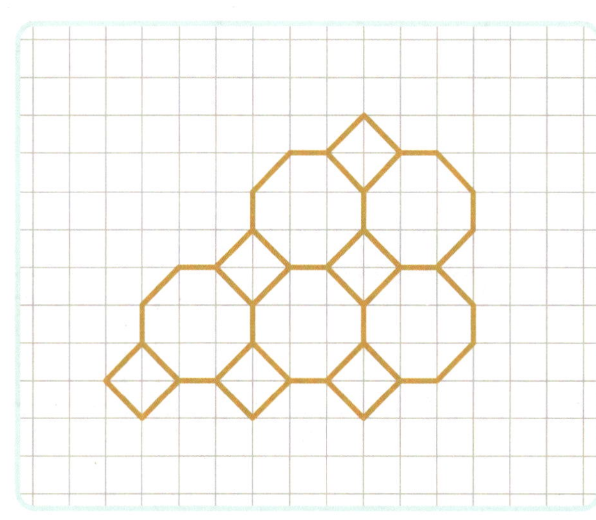

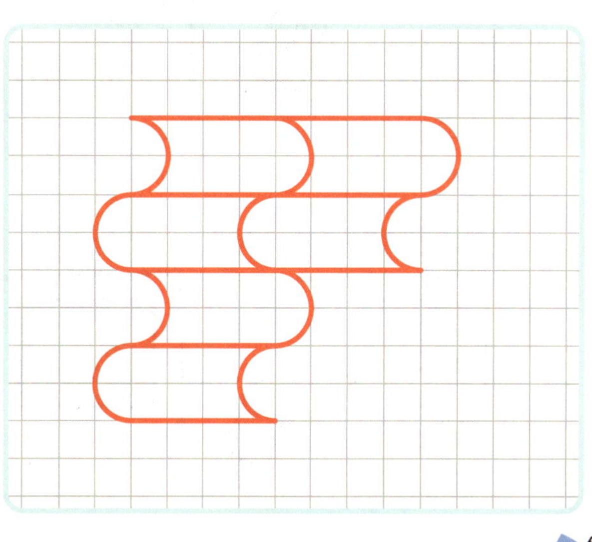

2 Gestalte selbst ein Parkett.

Seite 51 Aufgabe 2

...

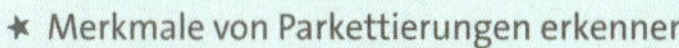

4 Am Computer ein Haus zeichnen

Haus
Datei Start Einfügen Ansicht Layout
Ich zeichne ein Haus am Computer.

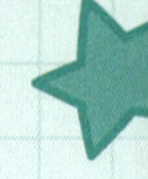

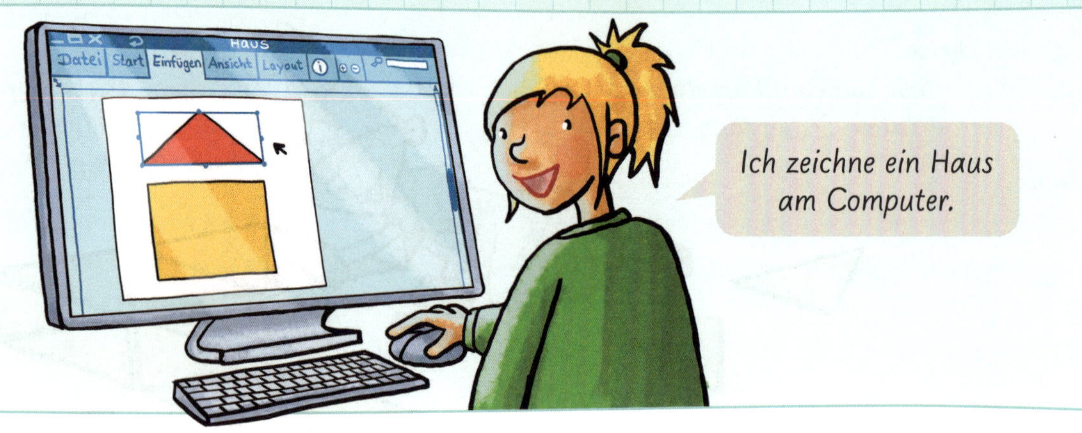

1 Mit einem Schreibprogramm kannst du am Computer ein Haus zeichnen.

a Zeichne zuerst die Fassade. So gehst du dabei vor:

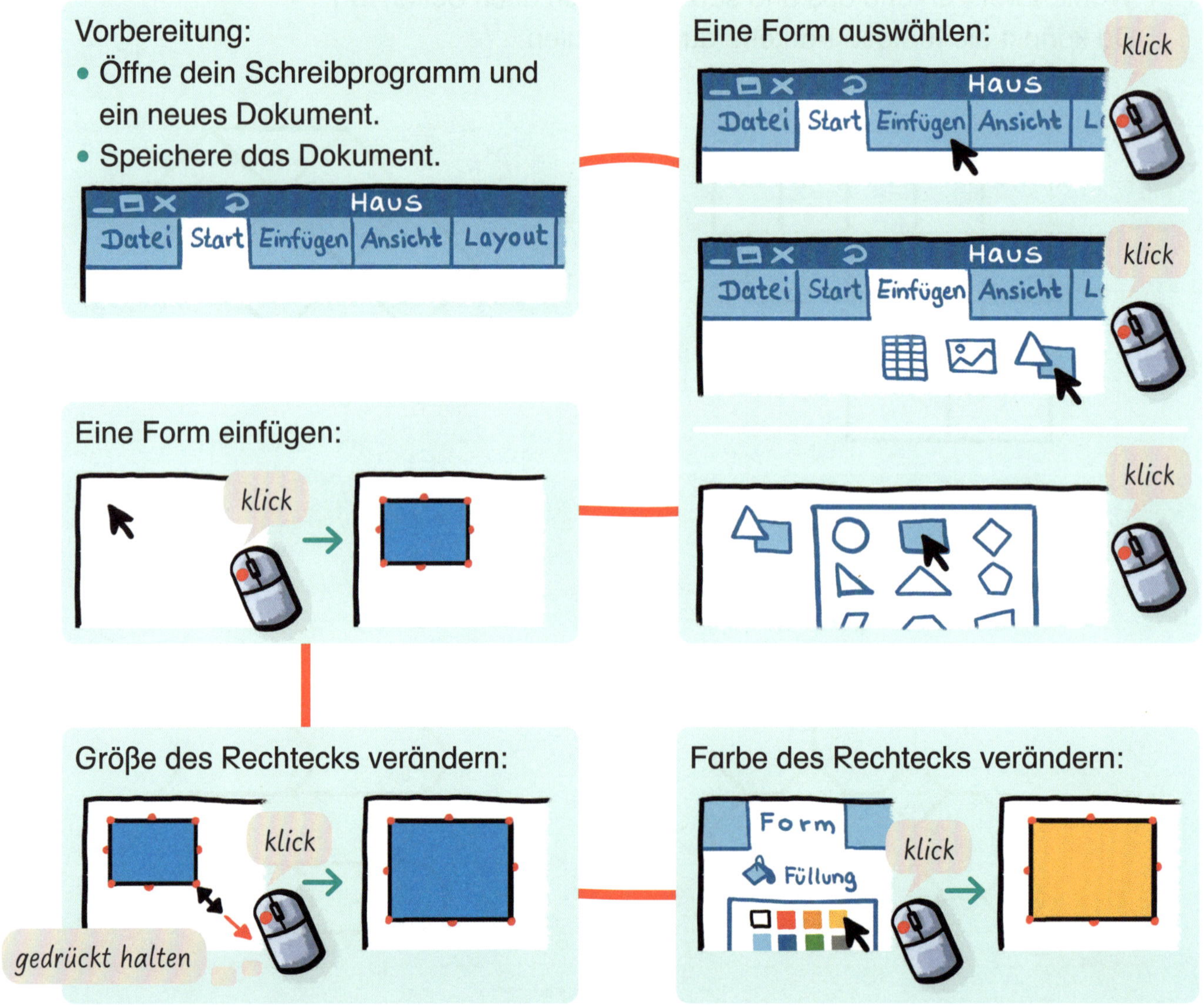

Vorbereitung:
• Öffne dein Schreibprogramm und ein neues Dokument.
• Speichere das Dokument.
Haus
Datei Start Einfügen Ansicht Layout
Eine Form auswählen:
klick
Haus
Datei Start Einfügen Ansicht
klick
Haus
Datei Start Einfügen Ansicht
klick
Eine Form einfügen:
klick
Größe des Rechtecks verändern:
klick
gedrückt halten
Farbe des Rechtecks verändern:
Form
Füllung
klick

b Zeichne ein Dreieck als Dach. Gehe dabei genauso vor wie beim Rechteck.

c Du kannst weitere Formen auswählen und in das Haus Türen und Fenster einfügen.

* **MK:** Figur aus geometrischen Grundformen nach Anleitung am Computer zeichnen, Formen verändern und ergänzen

1 Mit einem Schreibprogramm kannst du am Computer ein Herz zeichnen und gestalten.

a Zeichne zuerst ein Herz. So gehst du dabei vor:

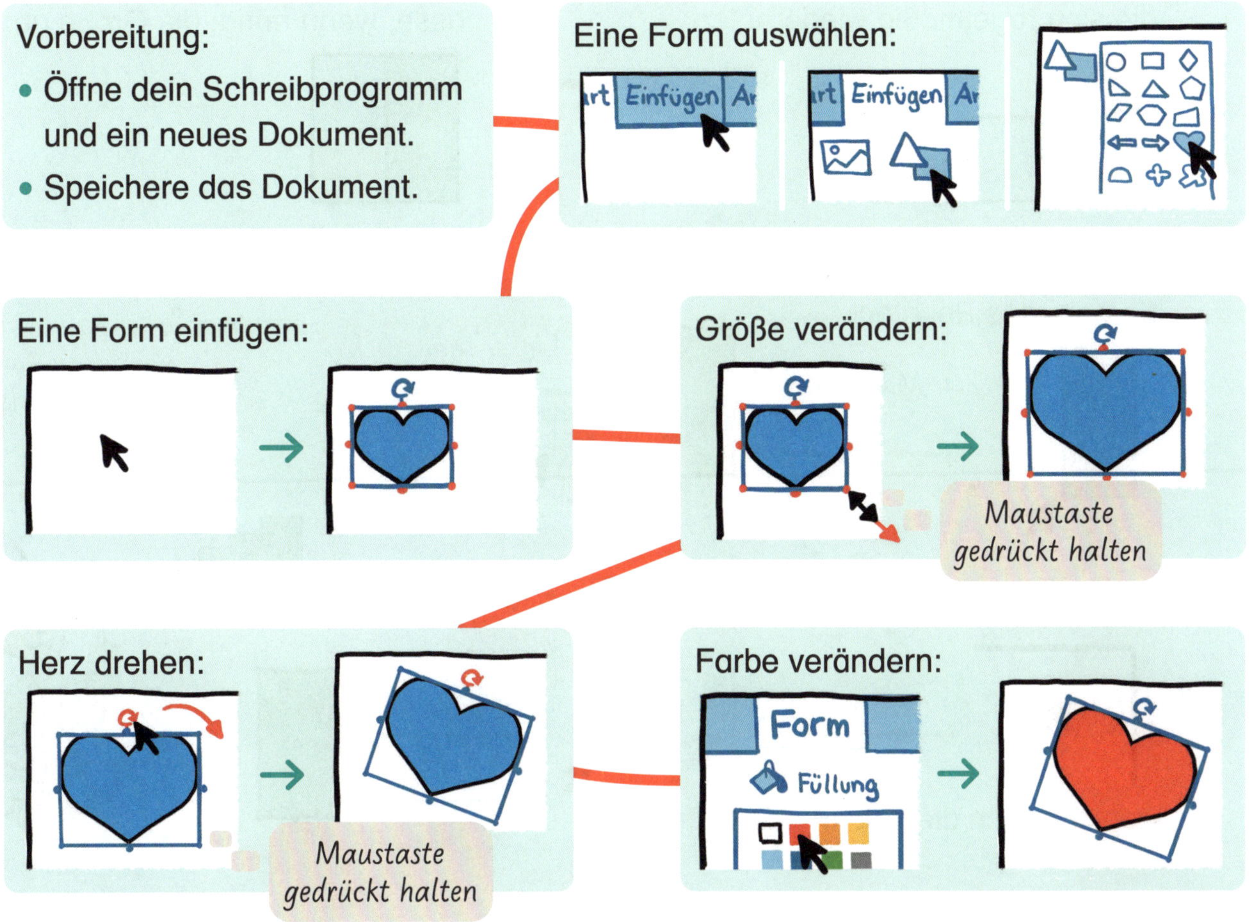

Vorbereitung:
- Öffne dein Schreibprogramm und ein neues Dokument.
- Speichere das Dokument.

Eine Form auswählen:

Einfügen

Einfügen

Eine Form einfügen:

Größe verändern:

Maustaste gedrückt halten

Herz drehen:

Maustaste gedrückt halten

Farbe verändern:

Form

Füllung

b Du kannst einen Text einfügen und dein Herz gestalten.

Probiere aus, wie du dein Herz und die Schrift gestalten kannst.

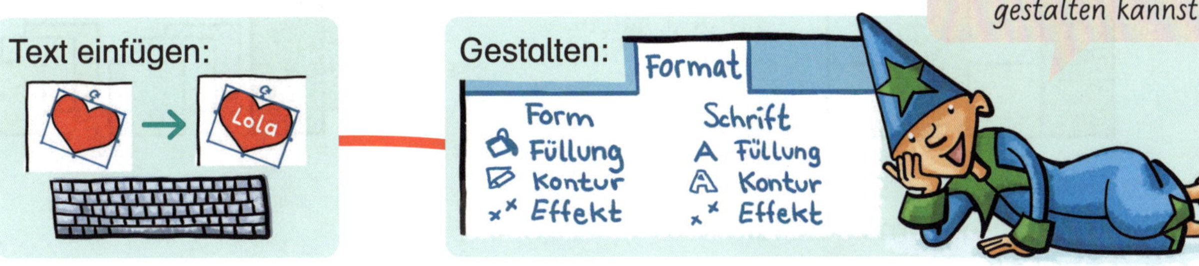

★ **MK:** Herz am Computer zeichnen und gestalten, Text einfügen

Am Computer ein Bandornament zeichnen

1 Mit einem Schreibprogramm kannst du aus geometrischen Grundformen Bandornamente und Muster gestalten.

a) Zeichne das abgebildete Bandornament am Computer.

So gehst du dabei vor:

Zeichne zuerst die Formen, die sich regelmäßig wiederholen:

Setze sie nebeneinander und passe, wenn nötig, die Größe an:

Kopiere das Rechteck:

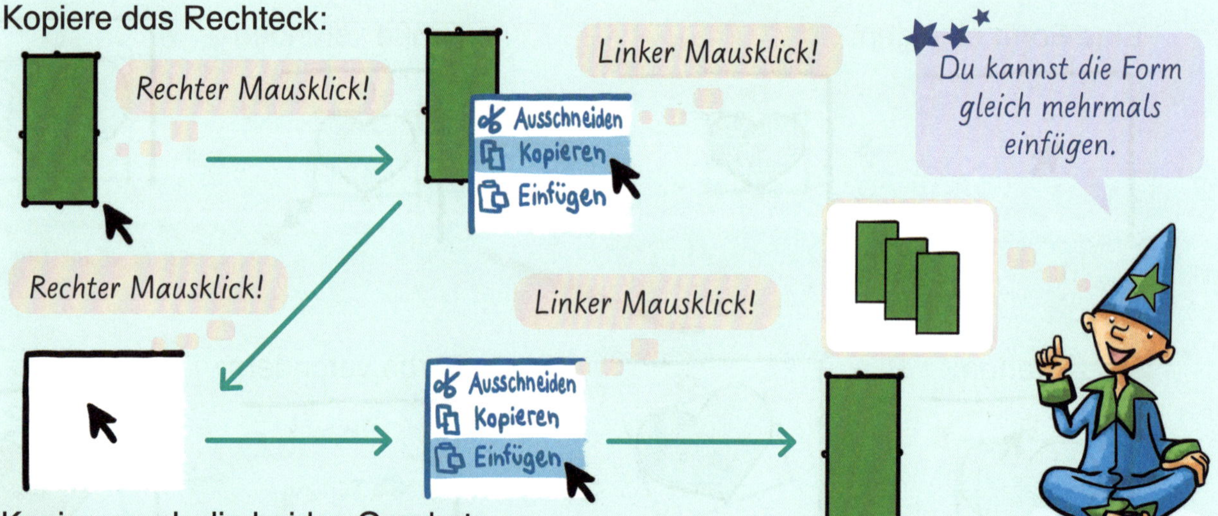

Rechter Mausklick!

Linker Mausklick!

Ausschneiden
Kopieren
Einfügen

Rechter Mausklick!

Linker Mausklick!

Ausschneiden
Kopieren
Einfügen

Du kannst die Form gleich mehrmals einfügen.

Kopiere auch die beiden Quadrate.

Verschiebe die Formen und setze sie zum Bandornament zusammen:

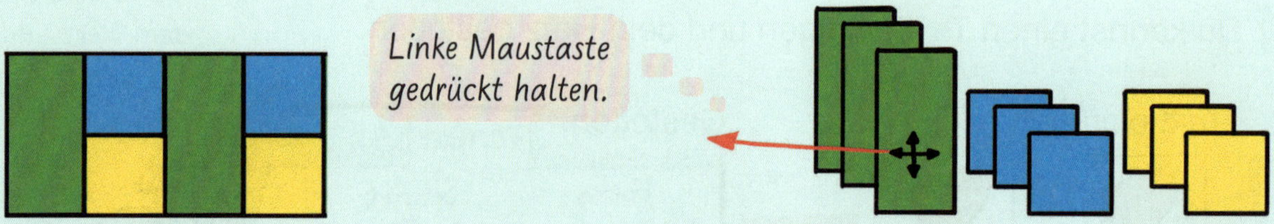

Linke Maustaste gedrückt halten.

b) Setze dein Bandornament fort.

* MK: ein Bandornament am Computer zeichnen, Funktionen „Kopieren" und „Einfügen" kennenlernen und nutzen

Themenheft 2

Schriftliche Addition
Zeit Flächen

Erarbeitet von: Roland Bauer und Jutta Maurach
Redaktion: Agnetha Heidtmann, Friederike Thomas, Sophie Yurdakul
Illustration: Yo Rühmer
Grafiken (Scheine und Münzen): Christine Wächter
Umschlaggestaltung: Cornelia Gründer, agentur corngreen, Leipzig
Layout: lernsatz.de
technische Umsetzung: Reemers Publishing Services GmbH
Bildquellen: **S. 4, 5 Euroscheine:** Cornelsen/Christine Wächter/Deutsche Bundesbank; **1-Euro-Münze:** Cornelsen/Christine Wächter/Deutsche Bundesbank/Luc Luycx aus Belgien. **S. 50 Arabisches Ornament:** stock.adobe.com/redkoala; **Rundes Ornament:** stock.adobe.com/irmaiirma; **Bandornament:** stock.adobe.com/irinelle.

Begleitmaterialien für Lernende der dritten Klasse

Einstern 3 Paket Verbrauchsmaterial	978-3-06-084736-5
Einstern 3 Paket *leicht gemacht* Verbrauchsmaterial	978-3-06-084742-6
Einstern 3 Arbeitsheft	978-3-06-084759-4
Einstern 3 Übungssternchen	978-3-06-084733-4
Einstern 3 BuchTaucher-App	978-3-06-084764-8
Einstern 3 interaktive Übungen	978-3-06-084769-3

www.cornelsen.de

1. Auflage, 1. Druck 2022

Alle Drucke dieser Auflage sind inhaltlich unverändert und können im Unterricht nebeneinander verwendet werden.

Druck: Athesiadruck GmbH

ISBN 978-3-06-084724-2

Vorschläge für Plenumsphasen zum vertiefenden Erwerb prozessbezogener Kompetenzen

S. 9 Kinder beschreiben, vergleichen und bewerten ihre Lösungswege bei Zahlenrätseln und verwenden dabei mathematische Fachbegriffe

S. 10/12 Kinder beschreiben an ausgewählten Beispielen den Tauschvorgang und die dadurch entstehende Übertragszahl

S. 11/13 Kinder beschreiben ihre Vorgehensweise bei Aufgaben mit Stellenüberschreitung, benennen Kriterien guter Beschreibungen und stellen ihre Sprechweise vor

S. 17 Kinder nennen zu vorgegebenen Zeigerstellungen unterschiedliche Zeitangaben

S. 19 Kinder beschreiben den Zusammenhang von Stunden-, Minuten- und Sekundenzeiger

S. 21 Kinder stellen Tätigkeiten als Repräsentanten zu verschiedenen Zeitdauern vor

S. 22 Kinder präsentieren ihre Lernplakate, vergleichen und bewerten diese

S. 26 Kinder stellen ihre Vorgehensweisen beim Berechnen von Zeitspannen vor, vergleichen und bewerten diese

S. 30 Kinder stellen mithilfe eines Modells (Ball und Taschenlampe oder Tellurium) die Erdrotation und die Erdrevolution dar, sie beschreiben die Bewegungen und verwenden dabei die passenden Fachbegriffe

S. 38 Kinder präsentieren und vergleichen ihre Aufgaben und Vorgehensweisen, sie erkennen und begründen, ob sie alle möglichen Lösungen gefunden haben

S. 40 Kinder beschreiben, vergleichen und bewerten unterschiedliche Rechenwege; sie benennen auch Kriterien guter Beschreibungen

S. 42 Kinder vergleichen und begründen die Wahl ihrer Überschläge

S. 44 Kinder stellen Methoden zum Überprüfen ihrer Ergebnisse vor, vergleichen und bewerten diese hinsichtlich ihrer Möglichkeiten und Grenzen

S. 50 Kinder beschreiben Merkmale von Ornamenten in Abgrenzung zu beliebigen Mustern und verwenden dabei Fachbegriffe

Vorschläge für die Förderung von Medienkompetenz

S. 27 Kinder übertragen ihren Stundenplan mithilfe eines Text- oder Tabellenverarbeitungsprogramms in eine Tabelle auf dem PC

S. 28/29 Kinder recherchieren im Internet oder am Bahnhof einen aktuellen Abfahrts- oder Ankunftsfahrplan ihres Ortes und entnehmen diesem Informationen

S. 31 Kinder recherchieren Tages- bzw. Nachtlängen für ihren eigenen Ort im Internet

S. 47 Kinder erkunden digitale Zeichen-/Schreibprogramme und prüfen, ob und wie sie mit diesen Balken- und Säulendiagramme erstellen können

S. 53 Kinder erkunden Textverarbeitungsprogramme und digitale Zeichenprogramme und prüfen, ob sie damit auch geometrische Körper zeichnen können

S. 54 Kinder erkunden Tastenkombinationen zum Beispiel zum Kopieren und Einfügen von Elementen

Synopse zu den Medienkompetenzbereichen

Suchen, Verarbeiten und Aufbewahren	S. 22, 23, 27, 28, 29, 30, 31, 46, 47, 48
Kommunizieren und Kooperieren	S. 29
Produzieren und Präsentieren	S. 22, 27, 48, 52, 53, 54
Problemlösen und Handeln	S. 27, 38, 39, 47, 52, 53, 54